LES VÉRITABLES
MEN IN BLACK
(LES HOMMES EN NOIR)

Une marque des Éditions Music & Entertainment Books
16, rue Albert-Einstein – Marne-la-Vallée
77420 Champs-sur-Marne, France

Première édition pour la traduction française

Titre original : *The real men in black*

Première publication en langue anglaise et traduit en accord avec
The CareerPress, Inc.
Traduit de l'anglais par Guillaume Goubier
ISBN : 978-2-36581-004-3

Directeur éditorial : Eddy Agnassia
Couverture et mise en page : Mathieu Tougne

LES VÉRITABLES
MEN IN BLACK
[LES HOMMES EN NOIR]

NICK REDFERN

Original
Découverte

SOMMAIRE

À Brad Steiger, dont j'ai avidement dévoré les livres étant enfant, et que je suis aujourd'hui ravi d'appeler mon ami.

REMERCIEMENTS

J'aimerais présenter mes remerciements les plus sincères aux personnes suivantes, sans qui *Les véritables men in black* n'aurait jamais pu être écrit.

Simon Wyatt, pour son superbe rendu artistique de l'Homme papillon et des men in black ; Rich Reynolds, du blog « The UFO Iconoclast(s) », pour avoir réellement dépassé le sens du devoir et traqué pour moi d'innombrables vieux, et désormais presque introuvables, articles de magazine sur les men in black ; Loren Coleman, pour m'avoir autorisé à relater l'histoire de son propre face à face avec un man in black ; Jim Moseley, l'éditeur et, selon ses propres termes, « Commandant suprême » de *Saucer Smear*, pour avoir partagé avec moi ses photographies et ses nombreux souvenirs d'Albert Bender, Gray Barker et John Keel ; Brad Steiger, qui prit généreusement un temps inestimable sur son agenda surchargé afin de parler longuement de ses efforts incessants pour étudier et chroniquer les activités des MIB ; ma grande amie et collègue écrivaine de New Page Marie D. Jones, qui répondit par un *Oui !* enthousiaste lorsque je lui demandai si elle accepterait de publier dans ces pages les détails de son expérience avec les MIB ; mon collègue chercheur Regan Lee, qui fournit des données cruciales sur certains des aspects les plus bizarres du mystère MIB ; Micah

Hanks, pour avoir prouvé que, parfois, un homme en noir n'est simplement qu'un homme habillé en noir ! ; Chris O'Brien, sans les recherches duquel notre connaissance du phénomène Fripon serait cruellement limitée ; ma proche amie et co-animatrice sur l'émission *Exploring All Realms,* Raven Meindel, pour avoir eu le courage de relater son récit hanté par les MIB dans des proportions vraiment dérangeantes ; Irene Bolt, anciennement au Stafforshire UFO Group, pour les données sur une affaire MIB d'enlèvement extraterrestre de 1995 au centre de l'Angleterre ; Darryl Collins, pour une manne absolue de correspondance vieille de plusieurs décennies et de fichiers de recherche sur Albert Bender et les MIB ; Ray Boeche, sans l'ombre d'un doute un des personnages les plus érudits, et un des penseurs les plus avisés, quand il s'agit d'aborder les liens entre les ovnis, les MIB, le christianisme, la démonologie, et bien plus ; Timothy Green Beckley, qui m'a diverti pendant des heures avec ses histoires des premières années de recherche sur les MIB et dont je suis ravi de dire qu'après des décennies dans le milieu, il a conservé tout son enthousiasme et toute sa passion pour la traque des hommes en noir ; Sharon, dont la confrontation avec les MIB en Angleterre en 1994 me fit comprendre que le phénomène était encore bien en cours ; Allen Greenfield, pour avoir généreusement fourni sa photographie d'un man in black et dont les connaissances incroyablement riches sur les hommes en noir, Gray Barker, John Keel, les Tulpas et une grande variété d'autres questions ont été assurément plus que bienvenues ; Colin Bennett, pour avoir révélé les faits stupéfiants de sa propre rencontre avec un homme en noir à Londres au début des années 1980 et pour avoir répondu de manière avisée à mes diverses questions sur toutes sortes de sujets liés aux MIB ; Joshua P. Warren, un chercheur et un auteur de premier ordre, dont les théories fascinantes en rapport avec les MIB et le voyage temporel sont une source absolue de nourriture intellectuelle ; Claudia Cunningham, avec qui ce fut un plaisir de bavarder et dont la rencontre récente avec les MIB prouve assurément que ces personnages obscurs errent encore parmi nous ; Jerome Clark, qui donna un aperçu et des commentaires de premier ordre qui se sont révélés inestimables sur les expériences d'Albert Bender et les personnages que sont Gray Barker et John Keel ; Nick Pope, maintenant retraité du ministère de la défense britannique, pour avoir pris le temps de partager ses opinions personnelles et ses pensées sur la nature de la controverse men in black ; Greg Bishop, sans nul doute un de mes amis les plus proches, et quelqu'un dont le savoir encyclopédique sur les premières années et les acteurs de l'ufologie a rendu sa contribution au livre significative au plus haut point ; Amanda Marino et le reste du personnel de Warwick Associates pour le beau travail de promotion et de publicité ; et, enfin, tout le monde chez New Page Books et Career Press, mais en particulier Michael Pye, Laurie Kelly-Pie, Kirsten Dalley, Adam Schwartz, Gina Talucci et Kara Kumpel pour son superbe travail d'édition sur le manuscrit original de ce livre.

INTRODUCTION

On frappa à la porte très lentement, mais violemment, comme si quelqu'un la cognait avec son poing au lieu de toquer. Lorsque j'ouvris, il y avait cet horrible petit personnage d'environ un mètre cinquante. Il était vêtu d'un costume et d'une cravate noirs, et portait un drôle de petit chapeau noir. Son visage était vraiment étrange ; il avait l'air de quelqu'un souffrant d'anorexie, vous voyez ? Ses joues étaient toutes décharnées, ses yeux étaient tout noirs et sa peau était presque blanche. Je ne savais pas quoi faire et me suis contentée de le fixer ; c'était vraiment effrayant. Puis, il me gratifia soudain de cet atroce sourire et je pus dire que ses lèvres avaient été colorées, comme par du rouge à lèvres ou autre chose. Il retira son chapeau et révéla cette très mauvaise perruque noire. Il avait l'air d'avoir 60 ans mais la perruque était noir de jais.

Tout ce qu'il dit fut : « Nous allons vous demander de cesser vos études. » J'ai dit : « Quoi ? ». Alors il répéta exactement la même chose, et je dus demander ce qu'il voulait dire. « Les lumières dans le ciel ; toujours les lumières dans le ciel », dit-il. Puis, je percutai : j'avais vu un ovni, une espèce de soucoupe volante, tard la nuit environ une semaine plus tôt, alors que mon mari et moi rentrions à la maison, et nous avons tous les deux fait un rêve vraiment bizarre ensuite au sujet d'un petit homme debout près de la voiture en bordure des arbres.

Ensuite, il a ajouté quelque chose comme « Cessez et rêvez tranquillement ». Et il m'a dévisagée vraiment longtemps comme s'il était sur le point de m'attaquer ou je ne sais quoi. Mais il ne le fit pas ; il a juste tourné les talons et descendu l'allée. Je commençais à me sentir fiévreuse et claquai la porte. Je me suis traînée dans mon lit et j'ai dormi environ trois heures. Mais quand je me suis réveillée, il y avait cette horrible odeur, semblable à du pneu brûlé, dans toute la maison. Nous avons dû laisser les fenêtres ouvertes pendant des jours et faire nettoyer les tapis pour nous en débarrasser. Ça m'a vraiment retournée.

Le récit angoissant que vous venez de lire me fut relaté en 1994 par une mère de famille et femme au foyer du nom d'Helen qui, à ce jour, habite un petit hameau vieux de plusieurs siècles au cœur d'une région appelée Cannock Chase au centre de l'Angleterre. En journée, c'est une zone de bois agréable et pittoresque. Toutefois, à la tombée de la nuit, elle devient un lieu résolument troublant, qui exhale une puanteur éthérée et surréaliste difficile à définir. Et, pendant des décennies, la région et ses environs immédiats ont été le sombre royaume des ovnis, des fantômes, des loups-garous, de bêtes semblables à Bigfoot et de grands chats noirs aux yeux luisants. La rencontre d'Helen, néanmoins, impliquait une entité d'une nature et d'un statut bien plus étranges et inquiétants que toutes les autres bizarreries précitées ne pourraient jamais espérer atteindre collectivement (bien que, comme il deviendra apparent par la suite, cette même entité pourrait être rattachée à toutes les autres étranges créatures susmentionnées). Il s'agissait d'une entité qui, dans les cercles de la recherche sur les ovnis et le paranormal, est devenue connue sous le nom de man in black, ou homme en noir.

Pendant des années – ou peut-être des siècles, comme je vais le démontrer – les men in black ont été des personnages fuyants et effrayants, des prédateurs rôdant avec une régularité dérangeante aux frontières énigmatiques du monde des ovnis, cultivant leur propre style unique de terreur et d'intimidation. Comme de véritables spectres venus d'un autre monde, les MIB surgissent d'une pénombre opaque et hantent la campagne en laissant dans leur sillage carnage, chaos, paranoïa et peur, avant de regagner ce même univers brumeux duquel ils avaient initialement fait surface.

Se déplaçant très souvent en groupes de trois, les MIB constituent une trinité maléfique qui semble apparaître et disparaître à la demande. Ils sont souvent aperçus (aux États-Unis) au volant de Cadillac noires des années 1950 et (dans les îles britanniques) de Jaguar noires des années 1960, qui sont dans les deux cas toujours décrites comme ayant l'air curieusement flambant neuves. Le style vestimentaire préféré de ces sinistres personnages est constitué d'un costume noir, d'un chapeau noir de type Borsalino ou Homburg, de lunettes de soleil noires, d'une cravate noire, de chaussettes noires, de chaussures noires et d'une chemise blanche immaculée. Il est donc fort peu étonnant qu'ils aient reçu le nom auquel ils sont aujourd'hui le plus souvent associés.

Mais qui – ou, bien plus vraisemblablement, que – sont les MIB ? Dans le blockbuster de 1997 *Men in Black* et sa suite de 2002, mettant en scène les phénomènes hollywoodiens Will Smith et Tommy Lee Jones, ils sont dépeints comme les agents du bras secret du gouvernement américain, dont le rôle est de dissimuler la sombre vérité sur la présence massive d'extraterrestres sur Terre. Comme il deviendra indéniablement clair par la suite, alors que *certains* MIB sont bien les oreilles et les yeux secrets des ministères, la majorité d'entre eux paraissent être d'une espèce totalement différente. Selon certains témoignages sensationnels et de nombreux cas d'étude, les *véritables* MIB pourraient bien être eux-mêmes des entités extraterrestres s'employant minutieusement à s'assurer que nous ne découvrions jamais toute la vérité sur leur présence, leur but, et leurs plans inhumains en ce monde.

D'un autre côté, certains étudiants du folklore et de la légende MIB suggèrent que ces créatures sont de nature purement occulte – des êtres surnaturels qui sont originaires, habitent et s'extirpent avec une régularité angoissante d'un au-delà étrange et énigmatique bien différent de notre propre réalité en trois dimensions. Un certain nombre d'individus suspectent que les MIB ne sont rien d'autre que des démons – les fidèles subalternes de Satan lui-même. En même temps, un chercheur en ufologie suggère que les men in black pourraient être des voyageurs temporels en provenance du lointain futur de l'humanité. Quel que soit leur point – ou leurs points – d'origine, nous pouvons dire une chose avec assurance et certitude à leur sujet : ils *sont*, sans l'ombre d'un doute, parmi nous, et il n'y a absolument rien de positif ou d'engageant chez eux.

Si les ovnis et toutes les énigmes qui leur sont associées sont pour vous un sujet de fascination personnelle, alors ce trio de mystérieux hommes en costume noir pourrait aussi venir un jour pour vous. Si, tard une nuit sombre, orageuse et glaciale, vous êtes tiré d'un sommeil agité par quelques coups lents et délibérés à votre porte, je vous enjoins fortement de ne point ouvrir, sans quoi vous laisserez entrer dans votre vie les créatures sans âme les plus terrifiantes et macabres qui aient jamais été lâchées sur nous, la race humaine. Ainsi, avec tout ce qui a été dit, avant que vous n'osiez aller plus loin, rappelez-vous bien que vous avez été dûment avertis. Prenez garde, toujours, aux men in black…

PREMIÈRE PARTIE
LES DOSSIERS

CHAPITRE 1

LE MYSTÈRE COMMENCE AVEC ALBERT BENDER (1945)

Vers trois heures de l'après-midi, le 24 juin 1947, un pilote du nom de Kenneth Arnold recherchait un appareil qui, selon les rapports, s'était écrasé sur le versant sud-ouest du mont Rainier, un pic de plus de 4 000 mètres situé dans la chaîne de montagnes des Cascades dans l'état de Washington. Sa recherche ce jour-là allait révéler quelque chose de bien différent d'un avion ordinaire. « Je ne volais pas depuis plus de deux ou trois minutes le long de mon itinéraire qu'un éclair aveuglant vint se réfléchir sur mon appareil, déclara Arnold. J'ai sursauté, car je pensais que j'étais trop près d'un autre avion. J'ai regardé partout dans le ciel mais ne parvins pas à localiser l'origine du reflet jusqu'à ce que je regarde au nord, à gauche du mont Rainier, où j'aperçus une ligne de neuf appareils d'allure inhabituelle volant du nord au sud à une altitude d'environ 9 500 pieds et avançant, apparemment, selon un angle bien défini d'environ 170 degrés » (Bureau fédéral d'investigation, 1947).

Prenez garde aux men in black.

Arnold ajouta que les mystérieux appareils se rapprochaient rapidement du mont Rainier et il admit avoir été troublé par leur aspect général non conventionnel : « J'ai pensé que c'était très inhabituel que je ne puisse trouver leur queue, mais j'ai supposé qu'il s'agissait d'un genre d'avion à réaction. Plus j'observais ces objets, plus j'étais troublé, car je suis habitué et coutumier de la plupart des objets volants, que je sois proche du sol ou à haute altitude. L'enfilade de ces objets aux allures de soucoupes [courait sur] au moins huit kilomètres. J'étais convaincu qu'une fois que j'aurais atterri, il y aurait une explication à ce que j'avais vu » (Bureau fédéral d'investigation, 1947).

C'est ainsi qu'apparut le premier rapport largement diffusé d'observation d'ovnis aux États-Unis. Personne ne fut en mesure d'offrir à Arnold l'explication qu'il cherchait et, alors que les États-Unis devenaient un aimant à objets volants étranges de plus en plus puissant au cours de l'été 1947, l'armée passa rapidement à l'action, espérant répondre à ces questions cruciales : qui exactement, pilotait les soucoupes ? D'où venaient-elles ? Et pourquoi étaient-elles là ? Mais il n'y avait pas que l'armée à vouloir des réponses définitives. Le fiévreux été 1947 réussit également à enflammer l'esprit et l'imagination des gens ordinaires, à travers tous les États-Unis et le monde entier, et beaucoup finirent par s'embarquer dans une quête de toute une vie pour découvrir eux-mêmes la vérité derrière les soucoupes. Ils ne furent néanmoins pas tous heureux des informations qu'ils déterrèrent.

Dans le cas d'un homme du nom d'Albert Bender, c'est un euphémisme. C'est lui qui, en fait, presque sans l'aide de personne, ouvrit la porte au fléau des men in black – tout comme Arnold avait inauguré l'ère des ovnis. Pour Bender, tout commença dans l'excitation et le mystère, mais son histoire fut au final caractérisée par l'horreur, la paranoïa et la maladie, laissant derrière elle un trio de personnages sans cœur habillés sombrement qui a depuis systématiquement torturé mentalement des pans entiers de la population.

Habitant de Bridgeport, dans le Connecticut, Albert Bender était fasciné par des phénomènes étranges et surnaturels qui avaient en fait précédé d'environ un an et demi l'affaire Kenneth Arnold en juin 1947, et qui enflammèrent une obsession malsaine et dévorante. Le phénomène qui plaça Bender sur le chemin du paranormal survint le 5 décembre 1945, lorsqu'un escadron d'avions de type Avenger disparut (dans des circonstances qui sont encore aujourd'hui sources de controverse) après avoir décollé de la base navale aérienne de Fort Lauderdale en Floride. La disparition de cette Escadre 19, de même que celle d'un hydravion Mariner qui partit ensuite à la recherche des avions au destin tragique et de leurs neuf membres d'équipage, est aujourd'hui devenue presque légendaire et fait désormais partie intégrante du folklore du soi-disant triangle des Bermudes. (Une théorie bien plus terre à terre suggère que les pilotes de l'Escadre 19 se sont simplement perdus et, dramatiquement désorientés, à cours de carburant, coulèrent dans l'Atlantique qui devint leur lieu de repos final.) Quelle que soit la vérité sur le sujet, l'histoire attira immédiatement l'attention d'Albert Bender, alors âgé de 23 ans. Se servant de cette affaire comme point de départ, il se mit à creuser en profondeur les œuvres collectives d'un des chroniqueurs les plus connus de tout ce qui a trait à l'étrange et au paranormal : Charles Fort, de qui le magazine tout aussi connu *Fortean Times* tient son nom.

Au moment de l'observation de Kenneth Arnold à l'été 1947, Bender vivait dans une des nombreuses sections modifiées au dernier étage d'une maison de trois niveaux avec son beau-père pour seule compagnie. Alors que sa fascination pour les soucoupes volantes commençait à croître, Bender passait de plus en plus de temps enfermé dans la pièce du haut – une ramification du grenier, en d'autres termes – où il compulsait minutieusement des livres, des revues et des coupures de journaux sur le paranormal et faisait bon usage d'un télescope récemment acquis pour, presque chaque nuit, sonder hystériquement les cieux à la recherche de tout ce qui aurait pu avoir la forme d'une soucoupe.

Les ovnis n'étaient toutefois pas la seule chose bizarre à s'être emparée de l'esprit de Bender. Sa vie était imprégnée des romans d'horreur gothiques de Bram Stoker, Mary Shelley et Edgar Allan Poe. Il avait aussi une fascination extraordinaire pour l'occulte ; spiritisme, magie noire, planches Ouija et sorcellerie faisaient tous partie intégrante de ce que c'était que d'être Albert Bender à la fin des années 1940. Sans surprise, menant une vie solitaire dans un grenier obscur (archétypique, avec son plancher couinant), la personnalité et la vie de Bender commencèrent à changer subtilement, pièce par pièce, morceau par morceau, et pas de manière très positive.

Un jour, tout à coup, Bender prit sur lui de peindre sur les murs du grenier les visages de créatures cauchemardesques et grotesques. À sa guise. C'était une curieuse tâche à laquelle il s'attela laborieusement pendant pas moins de huit mois. La Chambre des horreurs de Bender, telle qu'il la mentionnait de plus en plus (et à raison), commençait à prendre sa forme affreuse et malveillante. Pendant un moment au moins, Bender imagina même transformer l'intégralité du dernier étage en quelque chose s'apparentant à une maison hantée, pour l'exploration de laquelle il prévoyait de faire payer les amateurs de frissons. Rien ne ressortit finalement d'une telle entreprise et, au niveau local, Bender commençait à se forger la réputation de quelqu'un de légèrement désaxé : comme il l'admettait lui-même, il y avait des gens superstitieux en ville qui avaient entendu parler de ses activités et le percevaient comme une menace déclarée.

L'étrange vie d'Albert Bender fut également accablée par des problèmes psychologiques. Il montrait des symptômes évidents de troubles obsessionnels compulsifs (TOC) : il y avait un endroit bien établi pour chaque objet dans son précieux grenier, et il pouvait dire immédiatement si quelque chose était déplacé, même *légèrement*, hors de ses limites strictes et rigides, entraînant chez lui une grande irritation. Ses amis l'accusaient d'être excessivement susceptible, résultat de son besoin d'exercer un contrôle total sur à peu près tout dans son environnement personnel. Bender aurait aussi pu être un hypocondriaque à plein-temps. Bien qu'il ne fût qu'un jeune homme à l'époque où son intérêt pour les ovnis commença à se manifester, il vivait dans la peur absolue et illogique de développer une forme de cancer quelconque.

Il convient aussi de noter que cette « grande étrangeté » avait affecté sa famille pendant des années avant les expériences d'Albert lui-même : un de ses cousins avait, enfant, subi au lit la visite cauchemardesque d'une femme en noir – un curieux (et peut-être pas totalement sans lien) précédent au cauchemar dans lequel Bender finit par se retrouver immergé. Un autre membre de la famille du nord de la Pennsylvanie mourut d'une hémorragie cérébrale dont certains proches vinrent à croire qu'elle était due aux actions d'une entité surnaturelle qui hantait les coins ombrageux d'un cimetière non loin. En d'autres termes, pour une bonne part du clan Bender, les fantômes, les spectres, les créatures horribles et les situations sinistres étaient des facettes de la vie quotidienne. Sympathique.

Ce fut en décembre 1950 que les soucoupes volantes prirent une place centrale chez Bender. Il commença à colliger et à croiser plus sérieusement les nombreux rapports et histoires qui lui tombaient sous la main, il se mit en relation avec d'autres dévots au peuple de l'espace partageant les mêmes pensées et il s'embarqua dans la première étape hasardeuse d'un projet ambitieux : à savoir, établir un réseau mondial d'enquêteurs en ovnis qui devait s'appeler le Bureau international des soucoupes volantes (IFSB) et qui vit finalement le jour en avril 1952, conduisant Bender à publier son propre magazine, *Space Review*.

De manière incroyable, Bender, reclus au cœur d'un grenier sombre et sinistrement dominé par l'occulte dans la maison de son beau-père, réussit quelque chose qui, je suis fortement enclin à le soupçonner, dépassa de loin ses rêves les plus fous. L'IFSB ne fit pas que bourgeonner et fleurir ; il attira aussi l'attention de disciples des soucoupes volantes tout autour de la planète. Les rapports sur les ovnis inondèrent le Bureau, les gens se réclamèrent avidement membres du groupe et Bender consacra nuit après nuit à répondre fidèlement aux lettres de dimension cosmique qui lui parvenaient par sacs entiers.

Tout semblait aller pour le mieux : un solide réseau de dévots aux soucoupes volantes avait été créé, l'IFSB nomma des représentants dans un certain nombre de pays, y compris en Grande-Bretagne et en Australie et, en très peu de temps, le petit groupe de Bender devint une force significative sur la scène de la recherche en ovnis. Toutefois, fidèle à un de ces scénarios de type « vivre vite, mourir vite », l'IFSB – le James Dean de l'ufologie, peut-être – n'était pas voué à durer longtemps. Ce fut la peur primaire, plus que la bureaucratie pompeuse et égocentrée qui attaque tant de groupes de recherche sur les ovnis, qui fit soudain capoter l'IFSB.

Le début de la fin arriva la nuit du 30 juin 1952, quelques mois seulement après la fondation de l'IFSB, lorsque la résidence Bender reçut un coup de téléphone anonyme. Son beau-père n'étant pas dans les parages, Albert était celui que le sort désigna pour répondre. Lorsqu'il décrocha, personne ne parla, mais Bender était instinctivement certain qu'il y *avait* quelqu'un à l'autre bout du fil, écoutant intensément dans un silence sinistre. La tête de Bender lui tourna soudain, le lançant de manière alarmante, et il fut contraint de se retirer dans son lit.

Quelques jours plus tard, complètement rétabli, Bender se rendit dans son cinéma local ; un nouveau film de science-fiction devait être projeté et il attendait impatiemment son apparition à l'écran. Le film s'avéra sans surprise mais le retour à pied à la maison, peu avant l'« heure du crime », ne fut assurément *pas* sans surprise. Alors qu'il parcourait les trottoirs plongés dans le noir, Bender, de plus en plus préoccupé était sûr que quelque sombre silhouette le poursuivait. Il atteignit néanmoins la maison sans incident et, du fait que son beau-père dormait déjà, il monta silencieusement et prudemment jusqu'au grenier. Alors qu'il approchait de la porte, un Bender apeuré ne put pas ne pas remarquer qu'une lueur surnaturelle émanait de la mince ouverture sous l'encadrement de la porte. Il l'ouvrit brusquement et se trouva confronté à une forte odeur de soufre et à un objet brillant et tremblotant planant dans la pièce. Soudain, ses yeux se trouvèrent violemment irrités, ce sur quoi il alluma la lumière et l'étrange objet disparut dans le néant. Ses TOC sans nul doute comme jamais en alerte, Bender constata que certains dossiers IFSB n'étaient pas exactement où ils auraient dû être ; quelqu'un – ou quelque chose – avait feuilleté sa précieuse documentation sur les soucoupes volantes.

Bender tenta vaillamment de mettre cette expérience perturbante derrière lui et se concentra sur d'autres questions, telles que les activités au jour le jour de l'IFSB, fixant méthodiquement de grandes araignées en plastique au plafond du grenier pour faire peur aux amis de passage – une activité parfaitement normale, bien sûr, pour un trentenaire – et traînant au cinéma local. Ceci se révéla toutefois être une activité coûteuse. Une sombre nuit de novembre 1952, Bender regardait la dernière sortie de science-fiction lorsqu'il fut envahi d'un sentiment étrange et déroutant. C'était un mélange de terreur et d'appréhension, et il avait la sensation d'être fixé délibérément depuis les coins les plus sombres du vieux cinéma.

Soudain, du coin de l'œil, Bender fut horrifié de voir une forme humanoïde se matérialiser sur le siège à côté de lui. Le sinistre personnage pouvait toutefois difficilement être considéré comme un habitant du coin ; pour une bonne raison : ses yeux brillaient comme des ampoules de lampe-torche. Bender fut de nouveau pris d'un vertige soudain, sa tête lui tourna et il fut forcé de fermer les yeux pour essayer de maîtriser la nausée qui menaçait de le submerger. En les rouvrant, il constata soulagé que l'apparition spectrale avait disparu. Il essaya de focaliser de nouveau son attention sur le film mais c'était en vain. Quelques minutes plus tard, il eut encore une fois la sensation distincte et inconfortable d'être observé par des forces inconnues. Bender, lentement et avec appréhension, se retourna. Là, à nouveau, se trouvait le démon de la nuit en costume chic et aux yeux luisants, fixant froidement et durement Bender, qui fila dans son grenier sans demander son reste.

Tout au long des quelques mois qui suivirent, les accès de vertige de Bender perdurèrent, de brèves apparitions d'entités vêtues de noir le hantaient jour et nuit, des éruptions alarmantes d'activités spectrales survenaient dans le grenier, les odeurs de soufre proliféraient – parfois pendant des jours – et il commença à développer d'intenses maux de têtes semblables à des migraines. Ce fut à l'apogée de ce tourment mental, courant 1953, que trois hommes en vêtements noirs rendirent à Bender la pire de toutes ces diverses visites.

Selon l'histoire initiale qui fit rapidement le tour des cercles de recherche en soucoupes volantes, le trio de personnages mystérieux révéla à un Bender saisi de panique la lugubre vérité sur la présence des ovnis dans notre monde, mais l'avertit, sur un ton étouffé mais sévère, de ne jamais révéler ce qu'il avait appris – en aucune circonstance quelle qu'elle soit. C'est-à-dire sauf si Bender avait le désir masochiste de subir leur colère immédiate et mortelle, ce qui n'était certainement pas le cas. En fait, Bender fut tellement terrifié par toute cette expérience qu'en octobre 1953, il annonça à ses disciples choqués dans les pages de son magazine *Space Review* qu'il fermait les portes de l'IFSB et quittait la scène des soucoupes volantes pour de bon.

Les mots de Bender lui-même sur ce sujet, publiés dans l'édition finale du magazine, ne firent qu'ajouter à la controverse : « Nous aimerions imprimer l'intégralité de l'histoire dans *Space Review* mais, de par la nature de l'information, nous sommes au regret de dire que nous avons été avisés de ne pas le faire. Nous conseillons à ceux qui sont engagés dans le travail sur les soucoupes d'être très prudents » (Bender, octobre 1953). Et pour lui, c'était tout. La légende des men in black, et les menaces y afférant, était bel et bien née, et ils avaient réclamé avec succès leur première victime.

CHAPITRE 2

GRAY BARKER REJOINT L'IFSB (1953)

Un des individus qu'Albert Bender invita chaleureusement et avec enthousiasme au sein de l'IFSB début 1953 était un homme nommé Gray Barker. Habitant de Clarksburg, en Virginie occidentale, Barker dirigeait à l'époque une entreprise de programmation de films, gérant des cinémas en salle comme en extérieur dans tout son état de résidence. Barker s'avéra être un auteur réellement talentueux à l'écriture évocatrice pour toutes sortes d'événements et de récits liés aux soucoupes volantes, et c'était aussi quelqu'un qui ne laissait jamais les faits se mettre en travers d'une bonne histoire – à de strictes fins de divertissement, ceci est peut-être acceptable, mais c'est malheureux quand il s'agit de démêler la complexité de l'affaire Bender, comme cela va vite devenir évident.

Jim Moseley, un ami proche de Barker – qui quitta son enveloppe charnelle en 1984 –, explique pourquoi Barker aurait pu être si captivé par Albert Bender et l'IFSB : « L'histoire de Barker était assez semblable à celle de Bender. Enfant et adolescent, il était attiré par les films d'horreur, les masques d'épouvante, et les choses du genre, tout comme l'était Bender. Ceci pourrait avoir quelque chose à voir avec la volonté de Gray de s'impliquer dans l'IFSB. »

Jim Moseley, ufologue vétéran.

Barker fit bien plus que simplement s'impliquer dans l'IFSB. En 1956, il publia un livre captivant intitulé *Ils en savaient trop sur les soucoupes volantes*, qui allouait un espace considérable à la controverse entourant Bender. Dans son livre, qui a maintenant atteint un statut presque culte, Barker se garda de mentionner *explicitement* que les MIB de Bender étaient des agents du gouvernement américain, potentiellement du FBI. Mais c'est certainement l'insinuation que Barker livra à ses lecteurs avides, et une explication qui n'est en aucun cas un scénario impossible. Jerome Clark, qui fait autorité en matière d'ovnis, dit qu'il *est* probable que des agents du FBI aient rendu visite à Bender. En cette sombre époque de guerre froide, suggère Clark, presque n'importe qui affichant des idées anticonformistes ayant des implications pour la sécurité nationale – même lointaines – se retrouvait sous le regard du bureau de J. Edgar Hoover. « Il n'est pas nécessaire de spéculer excessivement pour conclure que le directeur engagé d'une des premières organisations d'étude des ovnis justifiait une visite et une entrevue. Selon moi, des agents pourraient bien lui avoir rendu visite, et ils pourraient bien lui avoir dit quelque chose qu'il aurait pris comme menaçant. À partir de là, sa propre imagination et l'exploitation effrénée de l'affaire par Barker ont généré ensemble le « mystère Bender ».

L'opinion de Clark est valide : l'année même où Bender reçut la visite de trois hommes étranges (1953), la CIA constitua un groupe trié sur le volet du nom de panel Robertson, qui consacra la plupart de son temps et de son attention aux implications de la question des ovnis sur la sécurité nationale. Une des recommandations les plus remarquables du panel fut qu'un certain nombre des nouveaux groupes d'investigation publique sur les ovnis, tels que la Civilian Saucer Investigation (CSI) et l'Aerial Phenomena Research Organization (APRO), devraient être secrètement et consciencieusement surveillés à cause de « leur apparente irresponsabilité et l'utilisation possible de tels groupes à des fins subversives » (Durant, 1953).

Clairement, l'IFSB de Bender, qui devint rapidement un acteur relativement important sur la scène des ovnis, aurait également été bon pour un examen minutieux de la part de certains éléments préoccupés de la communauté des renseignements américains. Allen Greenfield – un magicien occulte et prêtre gnostique – approuve fortement. Il donne son opinion sur la question en commençant ainsi : « En 1975, j'ai rencontré Dewey Fournet, qui était impliqué à l'époque dans le survol d'ovnis de juillet 1952 au-dessus de Washington D.C. et de la Maison-Blanche. » Fournet avait servi dans le Technical Capabilities Branch des renseignements de l'U.S. Air Force jusqu'à ce qu'il soit transféré en 1952 au département des renseignements courants et qu'il devienne un officier de liaison entre le Pentagone et l'enquête de l'Air Force sur les ovnis, le projet Blue Book. Le « survol d'ovni » auquel fait référence Greenfield débuta tard dans la nuit du 19 juillet 1952 et impliqua l'observation d'ovnis par l'armée, par des pilotes d'avions civils et par des citoyens ordinaires. Ce fut cette vague d'incidents qui amena le FBI – après avoir été informé sur le sujet par le commandant Randall Boyd du département des renseignements courants de l'armée de l'air – à observer qu'« il n'est pas complètement impossible que les objets aperçus soient potentiellement des vaisseaux d'une autre planète telle que Mars » (Bureau fédéral d'investigation, 1952).

L'idée sous-jacente qui fut considérée bien plus importante par le Pentagone que la série sensationnelle d'observations d'ovnis au-dessus du district de Columbia, affirme Greenfield, était que, s'il y avait eu une attaque soviétique la nuit de cette vague majeure d'apparitions de soucoupes volantes – une première frappe sur les États-Unis, en d'autres termes –, elle aurait probablement été un succès désastreux. Selon ce que Fournet déclara à Greenfield, parce que l'intégralité de l'appareil militaire était tellement accaparée par la recherche de soucoupes volantes – avec des radars et des avions furtifs, de même que l'important trafic d'ovnis obstruant les ondes radio aériennes – aucune attention sérieuse n'était accordée à des sources bien plus conventionnelles de danger reconnu, telles que les Rouges perfides.

Greenfield exprime avec précision son point de vue personnel sur la question, qui n'est pas en accord avec ceux de Fournet et de l'Air Force :

> Je ne soutiens pas cette idée, car je pense que cette idée d'une première attaque soviétique était bien plus mythique que les ovnis eux-mêmes. Mais, si vous vous mettez à la place des décideurs politiques américains en 1952, c'était un scénario parfaitement plausible. Ainsi donc, lorsque le panel Robertson fut constitué, leur conclusion fut que les organisations privées d'étude des ovnis qui commençaient à naître à l'époque, exactement comme l'IFSB de Bender, pourraient être infiltrées par des agents communistes et utilisées pour déclencher un faux survol d'ovnis, afin d'occuper l'intégralité de la communauté militaire à un moment de vulnérabilité, de sorte qu'une attaque soviétique sournoise puisse être lancée avec succès. Il fut suggéré que ce pourrait être dans l'intérêt de la sécurité nationale que de surveiller étroitement

ces organisations, ou même de les faire fermer. Bon, pas ouvertement, du fait que cela aurait pu entraîner des questions de liberté publique. Mais, peut-être, envoyer quelqu'un frapper à la porte pour parler au dirigeant de l'organisation ou aux témoins, et leur flanquer une peur bleue, ce qui aurait bien pu arriver à Bender.

Cette théorie des groupes d'ufologie en tant que menace pour la sécurité nationale bénéficia d'un nouveau coup de pouce quand, le 28 août 1953, Gray Barker lui-même entendit des coups menaçants à la porte de sa maison en Virginie occidentale. Il s'agissait d'un agent spécial du FBI qui avait toute une liste de questions concernant l'IFSB de Bender. Il s'avère que ce dernier avait, quelques semaines auparavant, envoyé à Barker un certain nombre de cartes de visite qu'il avait imprimées et qui identifiaient Barker comme enquêteur en chef de l'IFSB. Barker, effrayé à en perdre ses moyens, admit en tremblant à l'agent du FBI qu'il avait donné quatre ou cinq de ces cartes à des amis proches, qui les avaient encore quand il les avait recroisés. Ce fut donc quelque peu une surprise lorsque le FBI se présenta sur le seuil de sa porte avec une de ses cartes de visite.

L'homme du gouvernement au visage de pierre voulait tout savoir de l'IFSB et du rôle qu'y tenait Barker. Plus nerveux à chaque seconde, Barker répliqua que l'IFSB n'était qu'une organisation innocente formée pour investiguer les phénomènes de soucoupes volantes et que les cartes de visite étaient un moyen grâce auquel les enquêteurs du groupe pouvaient être identifiés. L'homme du FBI demanda ensuite à Barker s'il connaissait un certain individu – dont Barker ne se souvint pas par la suite du nom, sans nul doute parce qu'il avait été émotionnellement retourné par l'interrogatoire – qui vivait en Floride. Il répondit que non, il ne connaissait pas cet homme. Ceci incita l'agent à avertir Barker que l'homme en question avait fait une crise d'épilepsie et qu'il avait été emmené à l'hôpital St. Mary non loin. Dans ses affaires se trouvait une carte de l'IFSB. Convaincu que Barker ne connaissait pas cet homme, l'agent le remercia simplement pour le temps accordé et s'en alla. Barker, en attendant, faisait de son mieux pour retenir son souffle.

Après le départ de l'agent fédéral, Barker commença à se demander s'il y avait *vraiment* eu un épileptique après tout, ou si cela avait simplement été une ruse pour permettre au FBI de les évaluer discrètement lui, Bender et l'IFSB. Il exprima toutes ses inquiétudes, et d'autres encore, dans une missive hâtivement écrite à Bender. Si Barker n'avait pas menti au sujet de la visite de cet agent au visage sévère – un scénario qui, en dépit du goût de l'auteur pour les histoires et les fables enjolivées, ne peut pas être *entièrement* écarté, malheureusement –, alors cet incident aurait pu ajouter plus de poids à l'affirmation selon laquelle les trois hommes de Bender étaient bien liés au monde secret de la bureaucratie gouvernementale. Suivant un cheminement de pensée similaire, Dominic Luchesi et August Roberts, deux membres de l'IFSB qui sont par la suite devenus de proches amis de Bender, déclarèrent que les visiteurs de ce dernier étaient potentiellement du gouvernement. Et le Jim Moseley susmentionné dit que l'« histoire originale de Bender – et je l'ai rencontré – était que la fermeture était venue du gouvernement. Ce ne fut jamais clairement dit, mais peut-être du FBI. »

Que Moseley fasse référence à l'histoire *originale* de Bender est très pertinent, du fait que ce dernier a en fait relaté plus d'une version de cette rencontre de 1953 avec les trois sinistres personnages. En 1962, Barker publia le récit désormais significativement différent de Bender lui-même sur l'événement qui le força à abandonner les recherches sur les soucoupes volantes et à fermer l'IFSB. L'histoire était relatée au fil de 160 pages infiniment bizarres dans l'imposant volume de Bender, *Flying Saucers and the Three Men*. Dans ce livre, les MIB ne sont pas des agents du FBI, ni d'*aucune* agence gouvernementale américaine, possibilité que Barker avait mentionnée en 1956 dans *Ils en savaient trop sur les soucoupes volantes*. En réalité, ils ne sont même pas de cette planète, comme il va être démontré.

Selon la *nouvelle* histoire, ou peut-être l'histoire *revisitée*, d'Albert Bender, par une nuit humide d'août 1953, il s'affairait dans le grenier – où, sinon ? – sur le numéro d'octobre du mensuel de l'IFSB *Space Review*, lorsqu'un sentiment étrange l'envahit et que la forte odeur de soufre, désormais familière, satura la pièce. Une lame du parquet grinça soudainement – que Bender identifia immédiatement comme provenant d'une partie du grenier cloisonnée adjacente à la sienne. Il ouvrit la porte et, saisi d'un effroi total et immense, se trouva nez à nez avec la même entité aux yeux luisants qui l'avait presque fait mourir de peur un samedi soir au cinéma des mois auparavant. L'apparition signifia d'un geste silencieux à Bender de reculer dans le confinement de sa pièce. Il fit ce qu'on lui demandait. Bender pouvait désormais voir que deux créatures presque identiques s'étaient matérialisées et suivaient docilement la première. Leurs vêtements étaient noirs, leurs chaussures étaient noires, et même leur chapeau Homburg était noir. Ils portaient de surcroît tous les trois des gants noirs, comme pour accentuer délibérément un peu plus l'imagerie déroutante des MIB. Lentement, pas après pas, ils se rapprochèrent de Bender, un peu comme d'énormes araignées fondant sur une mouche malheureuse prise dans quelque monstrueuse toile lovecraftienne. Les trois hommes formèrent alors prudemment un cercle autour de Bender et placèrent leurs mains sur ses épaules. Le jeune homme fut soudain pétrifié et s'évanouit.

L'incroyable récit de Bender raconte que les MIB l'ont ensuite emmené de chez lui à – attendez – une installation secrète en profondeur sous les glaces de l'Antarctique ! En effet, dans les pages de son livre, le lieu en question ressemble beaucoup au repaire d'un méchant dans James Bond complotant pour renverser un monde qui ne s'y attend pas.

L'histoire de Bender – qui est dans l'ensemble outrancière par nature – est remplie de toutes sortes de données ésotériques et d'un charabia pseudo-scientifique, qu'il dit avoir obtenus des extraterrestres alors qu'il végétait sous l'étendue glacée. L'essentiel de ces informations est que ceux qui pilotent les soucoupes volantes visitent la Terre pour extraire de l'eau salée une substance indéfinie qui, théorise Bender, était certainement utilisée par les extraterrestres comme source d'énergie.

Après avoir aimablement bavardé avec les visiteurs cosmiques au sujet de leur vie, de leur culture, de leurs convictions religieuses et d'autres choses, Bender fut finalement reconduit dans son grenier, avec ce sévère avertissement : « Vous êtes prié de garder le secret. Nous ne souhaitons pas prendre de mesures extrêmes et vous allez découvrir que vous serez souvent tenté de révéler certaines de ces informations. Lorsque de telles pensées vous viendront, les conséquences vous seront rappelées par des maux de tête qui vous seront particulièrement insupportables. Chaque fois, prenez garde aux afflictions bien plus sérieuses que nous pourrions vous infliger » (Bender, 1962).

La menace terrifiante des MIB n'aurait pu être plus claire. Mais y avait-il une quelconque part de vérité dans l'histoire de Bender – ou même de Barker ? C'est une question complexe, et une histoire à laquelle est consacré un chapitre ; pour l'heure, il convient de noter que Bender ne fut pas la seule personne à qui les men in black sont supposés avoir rendu visite en 1953.

CHAPITRE 3

IMPLICATION DU FBI (ANNÉES 1950)

L'année même où Bender reçut la visite des men in black et dit hâtivement adieu à l'IFSB, et où Barker passa sur le grill du FBI, l'enquêteur ufologue Harold T. Wilkins fut mis au courant de faits relatifs à une récente rencontre hautement inhabituelle de style MIB, supposée avoir impliqué le FBI dans l'étrange saga cosmique. La source de Wilkins insista pour garder l'anonymat, comme c'est souvent le cas avec de tels incidents, mais était désireuse de l'avertir du fait que toute l'affaire pouvait être retracée jusqu'à un certain fonctionnaire, employé par un cabinet d'avocat de Los Angeles qui s'occupait de retrouver des personnes disparues.

Dans une lettre à Wilkins, le mystérieux informateur révéla que, fin 1953, deux hommes émaciés de pas moins d'un mètre quatre-vingt-quinze arborant l'ensemble noir désormais familier débarquèrent sans prévenir au cabinet d'avocats et reçurent rapidement et inexplicablement de prestigieux postes au sein de la société, en dépit du fait que personne n'avait apparemment une véritable idée de qui ils étaient – mis à part le directeur du cabinet, qui choisit de garder les lèvres mystérieusement scellées à ce propos. Qui que fussent ces étranges individus, ils n'étaient certainement pas des personnages anodins. Bien au contraire, ils étaient bizarres au plus haut point. Wilkins fut informé que la structure osseuse des deux hommes différait significativement de celle normalement observée chez les humains, leurs poignets et leurs mains étaient apparemment libres de toute articulation, et l'un d'eux était doué d'une force remarquable : un jour, laissa-t-on entendre à Wilkins, l'homme en question se pencha au-dessus d'une armoire de classement et le poids de sa main gauche laissa une échancrure de deux centimètres au sommet du meuble !

De manière peu surprenante, quelqu'un au sein du cabinet décida rapidement d'appeler anonymement les fédéraux, qui dépêchèrent avec une grande célérité deux agents pour enquêter sur la curieuse affaire. Également sans surprise, avec les fins limiers de J. Edgar Hoover désormais à ses trousses, l'étrange duo détala vers des horizons inconnus. C'était toutefois loin d'être la fin de l'affaire. Évidemment, du moins selon Wilkins, le FBI confisqua – ou, dans le jargon du bureau, « réquisitionna » – l'armoire de classement et la transmit à un chimiste spécialisé en métallurgie qui détermina que pour produire l'échancrure présente là où un des deux hommes s'était appuyé, il aurait fallu une force d'environ une tonne ou plus. Quelque peu alarmé, pour dire le moins, le FBI, selon l'informateur de Wilkins, fit suivre un rapport classé au quartier général du Bureau à Washington où, bien sûr, il disparut sommairement, se dérobant à tout œil potentiellement curieux.

Y a-t-il une quelconque vérité dans cette fable surnaturelle et sensationnelle ? Eh bien, c'est là que les choses deviennent un peu brumeuses. Wilkins était apparemment convaincu de l'authenticité et de la fiabilité de sa source. Comme d'autres, visiblement : sous une forme condensée, l'affaire fut mise en lumière dans le numéro d'août 1954 du magazine *Mystic*. Les men in black devinrent rapidement *le* sujet de discussion du monde des soucoupes volantes. Quelques jours seulement après la parution de l'article dans *Mystic* – qui mentionnait l'implication supposée du FBI dans l'affaire – un habitant de Lanesville, Ohio, qui avait lu le texte, expédia une lettre à J. Edgar Hoover, exigeant de connaître la vérité sur la question. En guise de réponse, Hoover affirma : « J'aimerais vous informer que l'article que vous mentionnez est totalement erroné en ce qui concerne le FBI et qu'il n'y a aucune information que je puisse vous donner sur la question » (Bureau fédéral d'investigation, 1954). Mais Hoover n'en avait pas encore terminé. Un document du FBI daté du 12 août 1954 établit : « Cet article a précédemment été porté à notre attention et le bureau sur le terrain a signalé à l'éditeur du magazine que l'histoire n'était pas vraie pour autant que l'implication du Bureau fût concernée. L'éditeur déclara qu'il regrettait l'erreur et qu'il publierait un erratum dans le numéro suivant, qui ne doit pas sortir avant plusieurs mois » (Bureau fédéral d'investigation, 1954).

Quatre ans plus tard, Gray Barker, Albert Bender et les men in black furent de nouveau l'objet de l'intérêt secret du FBI. Le 22 novembre 1958, un citoyen curieux d'Oklahoma City contacta J. Edgar Hoover au sujet du traitement par le FBI des enquêteurs sur les ovnis : « Récemment, de nombreuses rumeurs ont été publiées dans les périodiques d'ufologie au sujet de rapports selon lesquels les agents spéciaux du Bureau fédéral d'investigation auraient découragé certains chercheurs en soucoupes volantes, en particulier Albert Bender de Bridgeport, Connecticut, d'enquêter plus avant sur les secrets de ces disques insaisissables. Du fait que vous êtes le directeur du FBI, j'aimerais savoir si ces rapports sont réels ou s'il ne s'agit que de rumeurs » (Bureau fédéral d'investigation, 1958).

La réponse de Hoover fut rapide et directe : « Je charge un agent spécial d'Oklahoma City de vous contacter au sujet de la question que vous avez soulevée. » Un message d'Hoover à l'agent concerné ajoutait : « Un agent de votre bureau devrait contacter [l'auteur de la lettre] immédiatement et sécuriser des exemplaires ou des informations concernant les périodiques décrits » (Bureau fédéral d'investigation, 1958). C'est ça : signalez au FBI, dans l'Amérique des années 1950, que vous vous intéressez aux men in black et ils vous enverront un agent pour tailler une bavette – sans nul doute intimidante.

Dans un mémorandum à Hoover du 9 décembre 1958, le bureau du FBI en Oklahoma rapporta que le périodique en question était le *Saucerian Bulletin*, publié par notre vieil ami Gray Barker. Le *Bulletin* affirmait que les trois hommes qui avaient réduit au silence Albert Bender étaient du FBI, des renseignements de l'armée de l'air et de l'Agence centrale des renseignements. Le rapport du FBI du 12 décembre disait ce qui suit : « Bender a formé le Bureau international des soucoupes volantes à Bridgeport, Connecticut, en 1952, pour enquêter sur le mystère des soucoupes volantes. En 1953, Bender est supposé avoir déclaré qu'il savait ce qu'étaient les soucoupes volantes. Puis, "trois hommes en costume noir" réduisirent au silence Bender à tel point qu'encore aujourd'hui, l'intéressé ne parlera pas à qui que ce soit de la question de son " bâillonnement" » (Bureau fédéral d'investigation, 1958).

Un mois plus tard, le 22 janvier 1959, Hoover était *toujours* aux trousses de Barker et Bender – et, peut-être, également sur la piste des men in black : « Le FBI désire acquérir un exemplaire du livre écrit par Gray Barker et intitulé *Ils en savaient trop sur les soucoupes volantes*. Le livre est supposé avoir été publié par University Books, Inc., Illinois. Contactez cette maison d'édition et, si possible, procurez-vous un exemplaire de ce livre » (Bureau fédéral d'investigation, 1958).

Trois semaines plus tard, un exemplaire du livre de Barker se retrouva, de manière plutôt étonnante, entre les mains de J. Edgar Hoover, un des personnages les plus puissants et les plus craints d'Amérique à l'époque. Depuis les tout premiers jours dans ce sombre grenier de Bridgeport jusqu'aux individus qui font la pluie et le beau temps à Washington D.C., Bender – et Barker – avaient fait bien du chemin, c'est certain. Le FBI observa par la suite que les fichiers de l'agence ne contenaient « aucune information en lien avec le silence de Bender » (Bureau fédéral d'investigation, 1958). Cette déclaration interne officielle niant spécifiquement toute implication du FBI dans le bâillonnement de Bender semble fortement suggérer que qui que fussent les mystérieux visiteurs en 1953, ils n'étaient *pas* des agents du FBI – un fait qui pourrait être perçu par certains observateurs comme une corroboration de l'hallucinant *Flying Saucers and the Three Men*, dans lequel les men in black sont d'origine extraterrestre.

Il est curieux que *nulle part* dans les dossiers désormais déclassés du FBI, il ne soit fait mention de l'entrevue de 1953 avec Gray Barker. Devons-nous considérer que le premier tête à tête fut de nature strictement confidentielle ? Ou est-ce que le FBI a ses raisons pour ne pas rendre public ses dossiers sur le sujet ? Le visiteur en costume sombre de Barker aurait-il pu ne pas être du tout du FBI ? Barker a-t-il en réalité reçu la visite d'un vrai man in black, manquant de prendre conscience de la véritable nature de l'entité ? Ou Barker a-t-il simplement façonné l'histoire de toutes pièces, comme un moyen de torturer le déjà plus qu'angoissé Bender ?

Encore une fois, le mystère MIB s'avère être aussi énigmatique que prégnant. Et, même si les années 1950 arrivaient à leur terme, les men in black avaient à peine commencé.

CHAPITRE 4

LES RÉCITS DE BRAD STEIGER (ANNÉES 1960)

Bien qu'Albert Bender donnât naissance aux MIB dans les années 1950, ce fut au cours de la décennie suivante que le phénomène prit son envol. Un des plus grands érudits de la scène de l'ufologie et du monde plus large du paranormal et du surnaturel était Brad Steiger dont l'engagement et le savoir passionné sur les activités des MIB à partir des années 1960 ne peuvent être sous-évalués. Assurément, il fait partie intégrante de l'histoire et du mystère men in black dans leur ensemble.

« Lorsque le domaine d'étude moderne sur les soucoupes volantes explosa vraiment dans les années 1940, j'étais tout aussi perdu que n'importe qui, dit Steiger. Je pense que nous espérions tous qu'eux, les extraterrestres, étaient là ; que nous avions établi un contact quelconque. Bien, quelques années ont passé, et nous nous sommes retrouvés dans les années 1950. Et c'est là que j'ai lu le livre de Gray Barker sur Albert K. Bender et sur la visite des trois men in black. Ma réaction initiale fut : Bender est-il en train de dire qu'il a *la*

L'expert en MIB Brad Steiger.

réponse sur les ovnis ? Je pensais : *allez !* Avec des dizaines de gens essayant de débrouiller le mystère des soucoupes volantes, *il* avait la réponse ? Mais ensuite, j'ai plus écrit sur le sujet des soucoupes volantes et j'ai commencé à correspondre avec John Keel » – et c'est là qu'en ce qui concernait les men in black, les choses se mirent réellement en branle pour Steiger.

John Keel, dont le vrai nom était Alva John Kiehle, est né en 1930. Le fait qu'il eût sa propre colonne dans un journal de Perry, état de New York, à quatorze ans témoigne de ses talents d'auteur même à un âge très précoce. Incorporé dans l'armée américaine en 1951, Keel travailla pour le réseau radio des forces armées, diffusant même une émission depuis l'intérieur de la grande pyramide de Gizeh, en Égypte. Une fois son service dans l'armée terminé, Keel prit la direction du Moyen-Orient pour toute une série d'aventures, et traîna avec des fakirs, des magiciens et des occultistes, rédigeant en 1957 un livre sur ses expériences mémorables sur la route, *Jadoo*. Avec le temps, Keel fut de plus en plus captivé par le domaine de l'inconnu et écrivit un certain nombre de titres aujourd'hui considérés comme des classiques, dont *Operation Trojan Horse*, *La prophétie des ombres* et *The Cosmic Question*. Keel devint aussi un des enquêteurs les plus influents en matière de phénomènes liés aux men in black.

Revenons-en à Brad Steiger : « En 1967, [Jim] Moseley tint une importante conférence à l'hôtel Commodore [à New York] pour célébrer les vingt ans de la première apparition d'ovnis. C'est là que j'ai rencontré Tim Beckley [l'auteur, parmi de nombreux autres titres, de *Curse of the Men in Black* et *The UFO Silencers*] et ce fut le début d'une correspondance et d'une amitié qui ont survécu toutes ces années. Keel était là, ainsi que bien d'autres auteurs dans le domaine des ovnis ; ainsi, j'avais maintenant une chance de rencontrer tous les gens avec lesquels j'avais correspondu. »

Steiger se retrouva finalement face à face avec certains des acteurs clés du monde de l'ufologie de l'époque. Et, peut-être inévitablement, il ne fallut pas longtemps avant qu'il ne soit immergé lui-même dans le mystère des men in black à un niveau significatif (et sûrement non anticipé). Des rapports remarquables – dont beaucoup étaient plus que dérangeants – de rencontres en direct et même d'incidents impliquant des amis commencèrent à lui parvenir. Au sujet d'un de ces rapports, Steiger déclare :

> À cette époque, une personne qui devint un bon ami à moi - un officier de la Navy - m'a demandé : « Je peux te parler des ovnis que j'ai observés alors que j'étais en service ? » J'ai dit : « Absolument ». Et il me parla d'apparitions remarquables qu'il avait observées alors qu'il était en mer ou à quai au Japon - des survols. Puis un jour, il est venu me voir et il a dit : « Je ne peux plus te parler, je ne peux plus te voir. Depuis que je t'ai raconté ces histoires, notre téléphone sonne jour et nuit et il n'y a que des bruits bizarres à l'autre bout du fil. Ma femme devient folle et elle reporte la faute sur toi. »

> J'ai dit : « C'est pas moi qui appelle ! » Mais elle mettait le harcèlement sur le compte de sa relation avec moi et du fait qu'il me connaissait. À cette époque, j'ai perdu beaucoup d'amis qui m'avaient donné des informations et qui se retrouvaient par la suite harcelés. En même temps, personne ne frappait à ma porte, du moins personne que je pouvais voir, et je n'ai pas peur de grand-chose

Steiger avait aussi un récit remarquable à raconter sur un des éléments les plus inquiétants de la saga Albert Bender – à savoir, la présence de phénomènes spectraux liés à une expérience avec des ovnis. Tard, un soir, Steiger travaillait dans son bureau. Soudain, le téléphone se mit à sonner. C'était un appel d'un individu qui, selon ses propres mots, est encore à ce jour un acteur bien connu de la scène de la recherche sur les ovnis. Steiger poursuivit en disant que le chercheur et sa fiancée avaient observé un ovni et que, quand ils étaient rentrés chez eux, une violente activité spirituelle avait retourné les lieux. Comme le décrivait Steiger, il pouvait entendre des cris en arrière-plan ; il y avait des coups et des chocs soudains, et ce qui ressemblait à des meubles cognant les uns contre les autres : « Alors j'ai essayé de donner des conseils pour calmer le phénomène. Et il s'agissait de techniques – métaphysiques et mystiques – qui semblèrent bien apaiser les choses. »

Malheureusement, il semble que le phénomène derrière l'activité spectrale soit devenu follement enragé après que Steiger eut réussi à mettre un terme au chaos car il a ensuite immédiatement pris *sa* maison pour cible : « Juste après avoir raccroché, mon bureau a pris vie et une grande fissure est soudain apparue au plafond. J'ai juste dit : "Arrête ça, bordel !". Une autre nuit, alors que des cadres décollaient des murs et ainsi de suite, j'ai crié : "Fous-moi la paix !". Et tout a cessé. Et ça m'a donné la confiance erronée en notre capacité à le commander. Ou peut-être était-ce simplement une tactique subtile pour m'attirer dans une situation plus grave. »

Peut-être était-ce le cas, car des rapports sur les men in black continuèrent d'inonder le QG de Steiger : « J'avais un autre ami qui était avec moi sur bon nombre de mes enquêtes – un des plus gros durs que j'aie jamais rencontrés. Il reçut plusieurs fois la visite d'individus positivement bizarres qui tentèrent de le menacer et, une fois, il les vit dans une voiture et releva la plaque d'immatriculation du véhicule qu'ils conduisaient. Il raisonnait de manière très mécanique et dit que la voiture ne ressemblait à aucun modèle qui lui fût familier. Il avait été détective privé et avait beaucoup d'amis dans la police. Il se renseigna sur la plaque d'immatriculation et il n'existait *pas* une telle plaque. »

Puis, dans l'histoire suivante de Steiger, qu'il serait difficile de falsifier : « Un bon ami à moi voulait partir pour le Vietnam – c'était pendant la guerre – pour rendre visite à son fils, qui était stationné là-bas. C'était un vétéran de la seconde guerre mondiale. Il s'arrêta d'abord à Londres parce qu'il n'y était jamais allé et qu'il voulait y passer un peu de temps. Il m'écrivit une lettre plutôt longue. »

Le contenu de la lettre était assurément étrange et déroutant : trois hommes de petite taille et d'apparence asiatique semblaient filer l'ami de Steiger presque partout où il allait dans la vieille capitale anglaise. « Et le truc le plus étrange, dit Steiger de l'expérience de son ami avec trois MIB, fut qu'alors qu'il était debout dans une gare à attendre un train qui devait l'emmener quelque part, ils l'ont abordé et lui ont demandé : "Comment se rend-on à truc et truc ?" Et il a répondu : "Vous êtes juste sous le panneau. C'est là que va ce train." Ils se sont inclinés et l'ont remercié. »

Mais l'histoire était loin d'être finie : lorsque l'ami de Steiger rentra à son hôtel, il jeta un œil par la fenêtre à la rue en contrebas. À son grand désarroi, il vit qu'il y avait encore les trois hommes, debout sous un lampadaire et les yeux levés vers la chambre même où il demeurait. Finalement, il y eut une confrontation, au sujet de laquelle l'homme ne manqua pas d'écrire à Steiger. Le groupe mystérieux l'avait abordé dans la rue et avait dit : « Vous êtes un ami de Brad Steiger, n'est-ce pas ? » Ce à quoi il répondit oui. Puis ils émirent une remarque quelque peu dérangeante : « Dites-lui que nous lui rendrons visite à Noël. » Toutefois, Steiger ne fut pas réduit au silence à la fin de l'année.

Étant donné la nature de cette expérience, nous ne devrions pas douter de l'opinion de Steiger lorsqu'il dit : « Ceux responsables de ce genre de rencontres ne sont pas de l'Air Force ; ils ne sont *pas* militaires ou paramilitaires. »

CHAPITRE 5

L'HOMME PAPILLON ARRIVE À POINT PLEASANT (1967)

Certainement peu de personnes lisant ce livre n'ont pas au moins entendu parler de la légende de l'Homme papillon, une créature qui hanta la ville de Point Pleasant et ses environs, en Virginie occidentale, de novembre 1966 à décembre 1967. Les exploits diaboliques de la bête furent relatés dans le film hollywoodien à succès de 2002 avec Richard Gere, *La prophétie des ombres*, qui tient son nom du livre éponyme écrit par John Keel.

Un monstre ailé aux allures de démon doté d'une paire d'yeux rouges luminescents sorti de nulle part débarqua à Point Pleasant. Et, disent certains, sa présence entraîna tragédie, malédiction et mort. L'arrivée de l'Homme papillon coïncida avec l'apparition terrifiante des redoutés MIB en nombre conséquent à Point Pleasant et dans son voisinage. Mais qui, ou qu'était, l'Homme papillon ? Comment la légende a-t-elle débuté ? Et quel rapport avec les men in black pointant le nez dans le mystère ?

L'Homme papillon, le monstre de Point Pleasant.

Pour répondre à ces questions cruciales nous devons revenir sur une sombre nuit de novembre 1966, au cours de laquelle cinq fossoyeurs travaillant dans un cimetière de la ville voisine de Clendenin furent horrifiés en voyant ce qu'ils décrivirent comme une bête ailée de couleur brune à la silhouette humaine s'élever lugubrement des épais arbres environnants et partir au loin comme une flèche.

Trois jours plus tard, la bête surnaturelle fit de nouveau surface. Elle apparut, peut-être pas par hasard, vers minuit, alors que Roger et Linda Scarberry ainsi que Steve et Mary Mallette – deux jeunes couples mariés de Point Pleasant – tuaient le temps en faisant le tour de la ville dans la voiture des Scarberry. Au bout d'un moment, le quatuor décida de se diriger vers la sombre West Virginia Ordnance Work, qui était tout bonnement une fabrique d'explosifs abandonnée qui avait servi à produire du TNT pendant la seconde guerre mondiale et qui se trouvait à quelques kilomètres au nord de Point Pleasant, dans la McClintic Wildlife Station.

Alors qu'ils faisaient le tour de l'ancienne usine, ils furent tous quatre troublés de voir dans la pénombre ce qui ressemblait à deux lumières rouges pointées dans leur direction. Mais ce n'étaient pas des lumières normales. Tous furent choqués et horrifiés de découvrir qu'en réalité les lumières étaient les deux yeux rouges luisants d'un énorme animal qui, se souvint par la suite Roger Scarberry, mesurait peut-être entre deux mètres et deux mètres dix. Il y avait aussi ces ailes gigantesques. Évidemment, les deux couples fuirent la zone à toute vitesse.

Malheureusement pour les Scarberry et les Mallette, la monstrueuse chose était loin d'en avoir fini et avait apparemment décidé de les poursuivre : alors qu'ils filaient vers la sécurité de Point Pleasant, elle prit son envol et suivit chaque mouvement du véhicule jusqu'à ce qu'il atteigne les limites de la ville. Ils foncèrent tous les quatre jusqu'au bureau du sheriff et racontèrent leur incroyable histoire à l'adjoint Millard Halstead, qui informa plus tard les médias qu'il connaissait les quatre jeunes gens depuis des années et confirma qu'aucun d'eux n'avait de casier judiciaire, insistant sur le fait qu'il avait pris leur histoire au sérieux à cause de l'hystérie pure qui s'était emparée des deux couples. Et, bien qu'une fouille du secteur d'Halstead ne permît pas de répondre au mystère, l'Homme papillon devait très vite revenir.

Un jour seulement après la rencontre des Scarberry-Malette, l'Homme papillon décida de faire une apparition pour Marcella Bennett de Point Pleasant qui, vers 21 heures le 16 novembre, rendait visite à une amie qui vivait à proximité de l'ancienne fabrique de TNT. Alors qu'elle se garait et sortait de son véhicule, une large silhouette aux yeux rouges sembla s'élever du sol juste derrière elle.

L'horreur que provoqua l'incident chez Bennett fut telle qu'elle en laissa tomber sa fillette, qu'elle berçait alors dans ses bras. Ramassant l'enfant heureusement indemne, elle se précipita dans la maison de son amie, claquant la porte derrière elle.

Et les apparitions continuaient.

Tôt le matin du 25 novembre, encore une autre rencontre remarquable avec la mystérieuse bête se produisit. Un homme du nom de Thomas Ury conduisait le long de la route 62 juste au nord de la zone de production de TNT quand il ne put manquer de voir une grande forme humanoïde debout dans un champ en bordure de la route. Soudain, se souviendrait-il plus tard, la bête déploya une large paire d'ailes sur son dos et s'éleva verticalement d'une manière qui rappela à Ury un hélicoptère. Il ajouta, tétanisé de peur, que le monstre vola en direction de son véhicule, le suivant sans problème, même s'il roulait pied au plancher.

Au cours des quelques jours suivants, de plus en plus d'observations furent mentionnées, dont celle de Ruth Foster, de la ville voisine de Charleston, qui vit la chose ailée tard une nuit dans son jardin et qui la décrivit comme grande avec une paire d'yeux rouges qui semblaient lui sortir de la tête. Inutile de dire que la montée en puissance de l'histoire de l'Homme papillon fit les choux gras de la presse locale. Les récits de ce qui était mentionné comme le « monstre-oiseau » faisaient les gros titres, les sceptiques comme la police locale assurant que leur opinion sur le sujet était largement connue. Les forces de l'ordre mirent fermement en garde tout chasseur d'Homme papillon en puissance : restez à distance de la centrale électrique abandonnée de la zone de production de TNT après la tombée de la nuit. Entre-temps, le Dr Robert L. Smith, maître de conférences en biologie de la faune à la division des forêts de l'université de Virginie occidentale, exprima sa conviction que la créature n'était rien de plus étrange qu'une grande grue du Canada. Ceci satisfit toutefois difficilement l'immense majorité des témoins.

Au cours des semaines et des mois qui suivirent, de nouvelles rencontres avec l'étrange créature furent rapportées ; toutefois, elles furent toutes éclipsées par un événement tragique qui survint le 15 décembre 1967. Ce fut ce jour-là que le Silver Bridge de Point Pleasant – ainsi nommé à cause de sa peinture aluminium – qui enjambe l'Ohio et relie la ville à Gallipolis s'effondra soudain dans le fleuve, emportant tragiquement 46 vies. De manière intéressante, après le désastre du pont argenté, les rencontres avec l'Homme papillon diminuèrent massivement. Et bien qu'une explication terre à terre pour l'effondrement du pont circulât – à savoir, qu'un défaut fondamental sur une barre à œillet dans une chaîne de suspension était le principal coupable –, beaucoup voient la cause du désastre comme directement liée à la présence sinistre de l'Homme papillon.

Ce fut au cours de cette période – entre la première apparition de la bête et les morts dans le désastre sur l'Ohio hivernal – que les men in black distribuèrent consciencieusement leurs cartes de visite imprimées avec les mots *paranoïa* et *peur*. Bon nombre de ces affaires de MIB furent soit relatées, soit directement vécues par une femme du nom de Mary Hyre, une journaliste basée à Point Pleasant.

Début janvier 1967, Hyre, qui, à l'époque, travaillait à Point Pleasant comme correspondante pour le journal *Messenger* basé à Athens en Virginie occidentale, reçut sa propre visite typiquement surréaliste et déroutante de la part d'un man in black. Ce nouvel arrivant en ville avait des cheveux coiffés au bol, mesurait moins d'un mètre cinquante, était doté d'une paire d'yeux hypnotiques et avait des semelles curieusement épaisses à ses chaussures. (Remarquablement, feu Jim Keith, qui écrivit son propre livre sur les men in black intitulé *Casebook of the Men in Black*, fit remarquer que « les semelles épaisses sont un détail récurrent dans les rencontres avec des MIB » [Keith, 1997].)

Encore plus fou, l'étonnant petit homme semblait étrangement fasciné par le stylobille de Hyre. Lorsqu'elle lui dit qu'il pouvait le garder, sa seule réponse fut un rire caquetant à vous glacer le sang, et il franchit la porte à toute allure, s'évanouissant dans la nuit noire et froide aussi mystérieusement qu'il était arrivé.

Alors qu'elle continuait de creuser l'énigme des men in black, des ovnis, de l'affaire de l'Homme papillon, et de toutes les bizarreries y afférant, Hyre fut d'autant plus courtisée par les MIB, sur une période de plusieurs mois. La rencontre la plus étrange eut lieu fin 1967, lorsqu'un couple de men in black d'apparence asiatique avec un air de jumeaux parfaits et vêtus de pardessus noirs se présenta aux bureaux du journal et se lança dans des conversations déconcertantes dans le genre soucoupes volantes.

L'un d'eux fit froidement remarquer qu'il y avait eu une importante activité d'ovnis dans la région ces derniers temps, une information que Hyre confirma. Puis commença une avalanche de questions : quelqu'un avait-il demandé à Hyre de ne pas publier les détails d'une telle activité ? Elle assura au duo que non, personne n'avait tenté de la museler. Ensuite, voulurent savoir les MIB, quelle serait la réponse de Hyre si quelqu'un la mettait *vraiment* en garde de ne pas imprimer de tels récits ? Sa réponse fut claire, concise et sans détours : « Je leur dirais d'aller au diable » (Keel, 1976). Peut-être ce sinistre duo interpréta-t-il les mots de Hyre littéralement. Après avoir reporté son regard un moment sur la charge de travail qui s'amoncelait sur son bureau, la journaliste releva les yeux et les deux MIB étaient partis.

Clairement, il y avait une sorte de connexion entre les men in black et l'Homme papillon. Dans un chapitre à venir, nous rencontrerons un expert en paranormal nommé Joshua P. Warren qui pense avoir une explication à ce lien intrigant. Et il s'agit assurément d'un brouet bouillonnant des plus hautes bizarreries. Pour l'heure, néanmoins, retournons aux dossiers.

CHAPITRE 6

PREUVES PHOTOGRAPHIQUES (FIN DES ANNÉES 1960)

Un des aspects les plus déconcertants et les plus perturbants des men in black est leur troublante capacité à échapper à la capture ou à l'identification et à ne laisser derrière eux aucune preuve de leur existence. Même l'U.S. Air Force, en 1967, reconnut secrètement que les MIB semblaient avoir toujours un temps d'avance sur ceux qui cherchaient à les poursuivre. Des preuves de cet état de fait peuvent être trouvées dans un document de l'USAF du 1er mars 1967 dignement intitulé « Usurpation d'identité d'agents de l'Air Force » et qui fait aujourd'hui partie du domaine public : « Des informations, non vérifiables, sont parvenues au QG de l'USAF selon lesquelles des personnes prétendant représenter l'armée de l'air et d'autres institutions de la défense auraient contacté des citoyens qui avaient observé des objets volants non identifiés. Dans un cas mentionné, un individu en vêtements civils qui s'est présenté comme un membre du NORAD [Commandement de la défense aérospatiale nord-américaine] demanda et obtint des photos appartenant à un citoyen privé. Tout le personnel militaire et civil,

En 1968, Timothy Green Beckley captura un man in black sur pellicule.

et en particulier les agents des renseignements et ceux enquêtant sur les ovnis qui ont vent de tels rapports devraient immédiatement en informer leur bureau local de l'OSI. »

Clairement, dans les années 1960 déjà, quelqu'un, enfoui quelque part dans les profondeurs secrètes de la bureaucratie, souhaitait grandement mettre la main sur les men in black et déterminer qui ils étaient, d'où ils venaient et ce qu'ils attendaient de nous. Et bien que le document cité ici circulât massivement dans l'armée de l'air, il ne parvint pas à produire des résultats significatifs : les MIB continuèrent d'échapper même aux personnes les plus entraînées de l'armée et des renseignements. Il y a toutefois quelques (littéralement, deux) exceptions à cette situation inédite et elles valent la peine d'être examinées. De manière intéressante, elles datent toutes deux de la fin des années 1960 et impliquent un man in black capturé non pas en personne mais sur pellicule.

« J'ai connu ma propre expérience avec un man in black quand moi et Jim Moseley avons photographié un étrange individu un jour de 1968 », déclare le chercheur ufologue vétéran et auteur Timothy Green Beckley, qui a traqué obstinément les MIB pendant des décennies. « Il y avait un gars du nom de John J. Robertson – Jack Robertson pour ses amis – qui était le secrétaire de la National UFO Conference, l'organisation que Jim avait fondée. Jack vivait à Jersey City. Il était connu pour être le fer de lance de tout ce qui concernait les ovnis passant de l'autre côté de l'Hudson et possédait une *immense* bibliothèque sur le sujet. Jack était marié à Mary. Elle était la médium de la famille, alors que Jack était plutôt un ufologue pragmatique. »

Mary était une adepte de la planche Ouija et clamait avoir vu des fées dans un imposant arbre par une des fenêtres de son appartement ; elle avait même entendu des pas désincarnés dans la maison familiale. Et la vie devait devenir encore plus étrange, si tant est que ce fût possible. Un démon en noir était prêt à sortir de l'ombre après avoir patiemment attendu son heure, planifiant en coulisse un bref règne de tourments et de peur. Mary informa Jack que, pendant quatre jours, elle avait vu un personnage en costume noir, chapeau noir et lunettes de soleil installé dans l'entrée d'un immeuble à côté de leur appartement.

Beckley déclare : « Mary nous a dit à Jim et à moi qu'il avait l'air bizarrement habillé et qu'il était un peu comme un zombie – debout là, tout droit. Elle n'avait jamais engagé de conversation mais il paraissait surveiller ceux qui entraient et sortaient du bâtiment. »

Jack Robertson coucha par la suite prudemment sur papier ses pensées et ses souvenirs concernant l'homme mystérieux. En se fiant à la description de sa femme, il présenta l'homme en noir comme sombre et basané, toujours empreint d'une expression perçante et angoissante. Robertson était un homme nerveux. Puis, comme à point nommé, explique Beckley, d'autres choses commencèrent à se manifester dans et autour du foyer des Robertson : d'étranges cliquetis se faisaient entendre au téléphone. Et, faisant écho à l'expérience de Bender une quinzaine d'années plus tôt lorsque ses dossiers sur les soucoupes volantes furent minutieusement passés au crible, Beckley dit que les précieux fichiers sur les ovnis des Robertson furent secrètement parcourus par quelqu'un d'inconnu : « Jack put juste dire qu'ils avaient été dérangés, parce que chez lui, chaque chose avait sa place. »

L'homme en noir vu par Mary Robertson en 1968.

Mary était de plus en plus troublée par la situation, se souvient Beckley : « Elle m'appelait, et appelait Jim, au sujet de cet homme dans l'entrée tôt le matin. Moi comme Jim, personne ne nous ferait sortir du lit avant midi mais Mary a appelé tellement de fois qu'un jour, Jim m'a passé un coup de fil et a dit : "Tu sais, Tim, pourquoi n'essayons-nous pas de nous lever tôt et de rouler jusqu'à Jersey City, sans prévenir Mary de notre venue ?" »

Et c'est précisément ce qu'ont fait les deux hommes. Moseley et Beckley se retrouvèrent et prirent la route de Jersey City avec une unique intention : affronter l'homme en noir mystérieux qui torturait l'esprit de Mary Robertson. Beckley reprend l'histoire : « La rue où vivaient Jack et Mary était étroite et nous suivions la circulation, les gens étaient garés en double file par endroits. Donc, nous longions la rue et, aucun doute, à côté de l'immeuble de Mary, il y avait ce gars debout, retiré dans le bâtiment, pas sur le trottoir – un peu en retrait. Il regardait droit devant lui. Il ressemblait *précisément* à un man in black. »

Il n'y avait pas un instant à perdre et c'était littéralement maintenant ou jamais. Alors que Moseley conduisait et gardait un œil prudent sur la route, Beckley attrapa l'appareil photo, se pencha rapidement par la fenêtre et prit un cliché de l'inconnu en complet sombre. Comme il n'y avait nulle part où se garer et avec le trafic matinal à son pic, le duo dynamique fut contraint de s'arrêter prestement au coin de la rue, de garer la voiture et de retourner au pas de course sur la scène de l'action. Comme tant d'autres men in black, malheureusement, celui-ci avait déjà décampé. Soit ça, soit il s'était dématérialisé dans l'éther.

Beckley livre plusieurs observations importantes sur l'affaire : « Le truc étrange est qu'après que l'homme s'est évanoui ce matin-là, Mary dit qu'il n'est jamais réapparu. J'ai le sentiment aujourd'hui que Jim et moi avions chassé l'homme en noir. Et je pense que si c'est ce que vous faites – si *vous* vous mettez à vous occuper de *leur* cas – ils disparaissent rapidement. »

Pour mémoire, il doit être noté que Jim Moseley adopte une position *très* différente de celle de Beckley concernant la nature de l'homme en noir qui apparaît sur la photo : « J'espérais que vous alliez me poser la question. Je veux dire, la vérité est généralement moins excitante que la fiction » fut l'entrée en matière de Moseley lorsque j'abordai le sujet dans notre conversation. Sa conclusion sur l'affaire est bien plus terre à terre que celle de Beckley :

> Jack partait travailler et Mary était à la maison toute la journée sans rien à faire. Et, il me semble qu'en traînant dans l'appartement, elle a commencé à remarquer quelqu'un vêtu de noir dehors dans la rue. Ça l'a rendue très paranoïaque ; *très* paranoïaque. Alors nous nous sommes rendus là-bas et Beckley a pris cette photo par la fenêtre alors que nous passions devant son appartement. Donc l'image *est* réelle, il y *a* un gars debout dans l'entrée. Et Tim *a* raison : nous avons tourné au coin et quand nous sommes revenus, l'homme *était* parti. La seule chose qui fasse un tant soit peu sens pour moi est qu'il était à l'affût d'un bookmaker, ou de quelque opération illégale. Mais le truc, pour moi en tout cas - pas pour Tim, je sais - c'est que ça n'avait absolument rien à voir avec les Robertson ou les soucoupes volantes. Il pourrait avoir vu Tim prendre cette photo depuis la voiture et, s'il faisait quelque chose d'illégal, c'est pour ça qu'il est parti.

Allen Greenfield, l'auteur de Secret Rituals of the Men in Black.

Peu importe si Beckley et Moseley avaient ou non vu un authentique man in black ce lointain matin à Jersey City, même Moseley admet qu'au sein des cercles de recherche sur les men in black, l'histoire et son unique photographie sont aujourd'hui « devenues une légende ».

Il reste encore un point pertinent lié à la saga des Robertson et des men in black. Un après-midi, un week-end de juin 1998, Jack et Mary Robertson, Jim Moseley, Gray Barker, Timothy Green Beckley, Allen Greenfield et un panel d'autres ufologues qui traquaient diligemment les men in black étaient tous assis au Wild Boar Inn de Cleveland dans l'Ohio, devant un repas et des boissons. Ce qui aurait dû être pour chacun d'eux un moment de détente changea bientôt du tout au tout lorsque Mary aperçut soudain un homme très pâle aux cheveux gris et vêtu de noir qui, assis à une table près de la porte en compagnie d'un autre man in black au visage inexpressif, semblait observer attentivement le groupe. Mary était certaine qu'ils étaient sous la surveillance secrète d'un couple de MIB. À ce moment précis, les deux individus parurent clairement comprendre qu'ils avaient été repérés, se dirigèrent rapidement vers la porte et disparurent dans le néant en ce début d'après-midi.

Le deuxième cas où un man in black fut pris en photo tourne autour d'un observateur et chroniqueur de longue date des MIB et de leurs activités, Allen Greenfield. Sans surprise, quand on considère sa nature étrange et graphique, Greenfield se souvient de la rencontre surnaturelle comme si c'était hier : « Je n'ai pas mentionné mon expérience avec les MIB depuis des années, admet volontiers Greenfield aujourd'hui, parce que je ne fais pas partie du phénomène. J'essaye de rester dans la catégorie de l'historien/ enquêteur. Et si je n'avais pas été avec un important groupe de collègues ufologues alors, je n'aurais probablement *jamais* raconté cette histoire. Mais, il y *a* d'autres témoins vivants. »

C'est en 1969, révèle Greenfield, qu'il se retrouva face à face avec un homme en noir. Fidèle à ce que nous savons des MIB, la rencontre ne fut ni agréable, ni engageante : « C'était à la Conférence nationale des ovnis [NUFOC] qui se tenait cette année-là à Charleston, en Virginie occidentale. Et ce devait être le week-end du 24 juin – qui est la date à laquelle elle s'est toujours tenue, car c'était celle de l'observation de Kenneth Arnold en 1947. »

Parmi la foule animée de dévots au phénomène des ovnis, des auteurs, des chercheurs, des membres de la presse et tous ces curieux dans le public qui étaient là pour voir en quoi consistait réellement la controverse sur les soucoupes volantes, il y avait quelqu'un d'autre sur l'événement. C'était quelqu'un d'étrange, quelqu'un qui semblait vraiment d'un autre monde. C'était quelqu'un qui nous est aujourd'hui désagréablement familier, comme le fait remarquer Greenfield : « Il y avait là une personne vêtue de noir – avec des lunettes noires qui ressemblaient presque à des lunettes de vue à clips pour moi – qui déambulait dans la convention. Je l'avais repéré, mais beaucoup de gens ne le remarquèrent pas, ou ils ne lui

Dans la boîte ! Le man in black d'Allen Greenfield.

prêtèrent aucune intention. Bien, nous avons pris une pause pour le déjeuner le dimanche et une douzaine d'entre nous avons traversé la rue jusqu'à un restaurant. Et nous étions en train de manger quand cet être est venu traîner autour de notre table. Il correspondait à la description classique de l'étrange man in black : il était très dégingandé, son teint très pâle et cireux, sa voix mécanique et ses mouvements raides. »

Greenfield décida qu'il était grand temps d'affronter ce personnage sombrement habillé pour essayer de déterminer son identité et découvrir les raisons de sa présence à la conférence. Après tout, ce n'est pas tous les jours que vous vous retrouvez en compagnie d'un man in black ! Greenfield se souvient : « À cette époque, je m'intéressais beaucoup à toute la théorie de Walter Mitty sur les men in black : qu'ils n'étaient que des gosses essayant de nous faire peur, ou de se rendre importants alors qu'ils ne l'étaient pas. Mais ça n'explique pas le reste et ce qui est arrivé après. Alors je lui ai demandé : "Pourquoi nous suivez-vous partout ? C'est quoi le truc ?" Et j'ai plus ou moins bondi de ma chaise, la renversant presque tout en posant la question, et il a immédiatement tourné les talons de cette manière robotique propre aux men in black. Il n'a pas couru ; il a marché rigidement jusqu'à la porte. S'il s'agissait de quelqu'un qui jouait un personnage, il était très doué. »

Pour Greenfield, néanmoins, cet homme en noir-là n'allait pas s'en aller – comme la plupart de ses sinistres frères – sans qu'il obtienne une preuve de sa présence. Me précisant qu'il avait toujours sur lui un appareil photo dernier cri contenant une pellicule noir et blanc ultrasensible à développement rapide, Greenfield ajoute qu'il a foncé hors du restaurant et qu'il s'est planté devant le MIB : « Je ne me rappelle pas lui avoir dit quoi que ce fût, si ce n'est "Qui êtes-vous ?", et il a répondu "je suis un man in black en formation". Alors j'ai dit "Donc vous n'y verrez pas d'inconvénient ?" et j'ai rapidement pris une photo de lui alors qu'il était cloué sur place. »

Greenfield n'était pas préparé à l'étonnante étape suivante de l'expérience, qui est absolument typique du mode opératoire fuyant des men in black : « Les rues étaient globalement vides quand j'ai pris la photo, ce qui est important pour ce qui va suivre. J'étais pile sur lui, donc je savais que j'avais le cliché, mais lorsque je passai le coin de la rue – après lui – il avait disparu. Et je dois dire que le laps de temps en question était d'à peine deux secondes ; j'étais juste derrière lui, littéralement sur ses talons. Je ne m'attendais pas à ce qu'il disparaisse. Je m'attendais à ce qu'il se mette à courir ou à marcher dans la rue. Je ne sais absolument pas comment l'expliquer et je n'ai vu nulle part où il aurait pu s'éclipser par une porte. »

Greenfield ne pouvait que me dire, toujours troublé au plus haut point par l'expérience surréaliste après plus de 40 ans : « Il avait disparu, simplement disparu. » L'inestimable photographie, heureusement, est restée.

CHAPITRE 7

HOMMES FOUS ET MONSTRES (DÉBUT DES ANNÉES 1970)

Tandis que les années 1960 cédaient la place aux années 1970, l'énigme men in black ne montrait aucun signe d'une possible résolution. En réalité, pour les individus tout de noir vêtus, c'était assez business-business, comme d'habitude. En juillet 1972, Patricia Hyde, une ancienne employée du FBI, fit une rencontre qui la mit en contact direct avec un de nos mystérieux hommes de l'ombre. Vers 21 heures, un dimanche soir, Hyde observa un étrange objet volant dans le ciel d'Arcadia, en Floride. Assez naturellement, comme c'est souvent le cas dans les apparitions d'ovnis, Hyde désira en savoir plus sur ce qu'elle avait vu. Par conséquent, elle se mit à creuser plus en profondeur dans la complexité des phénomènes d'ovnis.

Peu après son observation, à son appartement, Hyde tomba sur un homme d'apparence inhabituelle portant des vêtements noirs et aux yeux intensément bridés. « Miss Hyde, dit l'homme en noir d'une manière qui ne laissait planer aucun doute quant à la véracité de sa mise en garde, vous allez cesser d'enquêter sur les soucoupes

L'auteur et crypto-zoologue Loren Coleman rencontra un man in black au début des années 1970.

volantes ! » Il y eut encore d'autres visites et Patricia Hyde finit par abandonner les recherches sur les ovnis. Tel est l'effet que peut avoir sur une personne une rencontre dramatique avec un man in black (Beckley, 1990).

Loren Coleman, un des plus importants crypto-zoologues au monde et l'auteur de, entre autres nombreux titres, *Bigfoot !* et *True Giants*, coécrit avec Mark A. Hall, connut sa propre rencontre bouleversante au début des années 1970 avec un homme mystérieux du type de ceux qui abondent dans les pages de ce livre. Coleman dit aujourd'hui de son étonnante expérience : « Une des rencontres les plus bizarres que j'aie jamais faite avec ce que je pensais être potentiellement un man in black eut lieu lorsqu'un certain «lieutenant Applegate» me rendit visite à Decatur dans l'Illinois » (Coleman, 2010).

Au moment de sa visite, Coleman étudiait l'étrange saga de ce qui est devenu connu comme le Gazeur fou de Mattoon – un personnage bizarre qui, dans les années 1930, terrorisa les femmes du comté de Botetourt en Virginie et qui, une décennie plus tard, fit de même à Mattoon dans l'Illinois. Le mode opératoire du rôdeur était simple : selon la légende, il choisissait de « gazer » ses malheureuses victimes, les paralysant temporairement, ayant alors accès à leur propriété – a priori pour voler ou profiter de tout et de quiconque croisait son regard.

Une des victimes des dernières attaques du Gazeur fut une certaine Mme Bert Kearney de Mattoon. La nuit du 1er septembre 1944, vers 23 heures, Mme Kearney fut assaillie par une « odeur douceâtre et écœurante dans la chambre à coucher », qui provoqua une sorte de paralysie qui s'empara progressivement de sa jambe et lui brûlait les lèvres. Terrifiée, elle appela en criant sa sœur Martha, qui était aussi dans la maison, et expliqua, haletante, ce qui se passait. Martha ne put pas ne pas remarquer elle aussi l'odeur intense. La police fut rapidement appelée, mais une fouille minutieuse de la propriété ne permit pas de trouver un quelconque intrus (« Rôdeur esthétique », 1944). Mais plus tard, la même nuit, un homme mystérieux fut bel et bien repéré : il fut aperçu tapi dans les ombres derrière la fenêtre de Mme Kearney, cette fois par son époux, un chauffeur de taxi qui s'était précipité à la maison après avoir été alerté des événements dramatiques de la nuit. Remarquablement, le rôdeur fut décrit par M. Kearney comme étant grand, tout de noir vêtu et portant une casquette noire serrée. Certains pourraient suggérer que la présence d'un individu sinistre vêtu de noir et portant un couvre-chef, doublé de l'odeur désarmante qui emplissait la chambre et avait un effet négatif sur la victime, rappelait grandement les aspects centraux de l'expérience d'Albert Bender avec les MIB en 1953.

En 1944, toutefois, personne ne parlait des men in black. Et, étant donné que les Kearney avaient ce que les médias locaux avaient décrit comme « une somme d'argent considérable chez eux », la pensée immédiate et parfaitement compréhensible fut que le rôdeur avait essayé de droguer sa victime avec du chloroforme pour voler l'argent. Ce ne fut néanmoins jamais prouvé et, comme de nouvelles attaques continuaient de se produire dans le secteur, la peur s'empara de la populace. En dépit du fait que, au fil des ans, des doigts fussent pointés en direction de diverses personnes suspectées d'être le Gazeur fou de Mattoon, la question n'a jamais été complètement résolue et toute la série d'événements est toujours plongée dans une légende et un mystère prégnants (« Rôdeur esthétique », 1944).

Et ce fut ce mystère qui conduisit par hasard Loren Coleman à sa propre rencontre avec un man in black au début des années 1970. « À l'époque, observe Coleman, j'étudiais le mystérieux Gazeur fou et d'autres entités du même ordre. » Une de ces entités était l'inoubliablement surnommé Bandit du lavement. Son vrai nom était Michael Hubert Kenyon et, en décembre 1975, il plaida coupable pour six accusations de vol à main armée et passa six ans en prison. Les attaques de Kenyon s'étalèrent du milieu des années 1960 jusqu'au milieu des années 1970 et étaient extrêmement curieuses, comme le révèle Coleman : « il visait des étudiantes d'établissements mixtes, choisissait les deux ou trois femmes les plus en surpoids et leur donnait des lavements » (Coleman, 2010).

Coleman creusa en profondeur dans les exploits du Bandit du lavement qui s'égrainaient de l'Illinois au Kansas et de l'Oklahoma à la Californie. « À l'époque, comme je le fais souvent, j'écrivais des lettres personnelles à de nombreux journaux du pays, essayant de pister ce qu'ils avaient publié sur ce que je pensais être un criminel vraiment humain. Les motifs récurrents d'activités principalement dirigées vers les femmes m'intéressaient en termes de configuration des actions du Gazeur fou. Je voulais m'assurer que tous les exemples humains bizarroïdes qui semblaient suivre le modèle du Gazeur soient comparés » (Coleman, 2010).

Les fouilles tenaces de Coleman dans les exploits du Gazeur fou comme du Bandit du lavement attirèrent l'attention de quelqu'un. Au milieu de ses recherches, tard un soir, il y eut des coups à la porte de l'appartement d'Eldorado où vivaient Coleman et sa première femme, Toni-Mary. Coleman se souvient très nettement de ce qui arriva ensuite : « Un homme très maigre en costume sombre qui déclara être du commissariat de Decatur fit irruption dans ma vie. Il s'identifia comme le lieutenant Applegate. Je ne me souviens pas avoir vu de badge, car c'était une époque plus confiante. Il dit qu'il vérifiait que je n'étais pas le Bandit du lavement et voulait savoir pourquoi je fouillais cette histoire. C'était une rencontre troublante. Il dit que je devrais cesser d'enquêter sur cette série d'affaires. Il justifia ceci en faisant remarquer que puisque le Bandit semblait apprécier l'attention des médias – il n'expliqua pas comment il savait ça – je me mettais moi-même en danger avec toutes ces lettres demandant des articles sur le Bandit du lavement. Ça semblait faire sens, alors » (Coleman, 2010).

Le développement suivant dans l'histoire, pourtant, ne fit assurément *pas* sens. Quelques jours plus tard, Coleman vérifia auprès du poste de police de Decatur, et un porte-parole déclara qu'ils n'avaient même pas de lieutenant Applegate dans leur service. C'est alors, dit Coleman, qu'il se mit « à [se] demander qui pouvait bien être Applegate en réalité ». Ses derniers mots sur le sujet ne font qu'ajouter à l'atmosphère malsaine qui transpire dans cette histoire : « Des années après, en faisant plus de travail sur les noms, je découvris qu'"Applegate" était un autre nom pour le diable dans certaines littératures. C'était une rencontre très angoissante » (Coleman, 2010).

Au fil des ans, les MIB ont joué un rôle intrinsèque dans des histoires à tendance paranormale qui ratissent bien plus large que les simples ovnis, dont celles de monstres maraudeurs tels que celui vivant selon la légende dans le Loch Ness, une étendue d'eau formée il y a plus de 250 millions d'années lorsqu'un mouvement massif de la croûte terrestre entraîna la formation d'un rift gigantesque entre l'Écosse et ce qui est aujourd'hui connu comme le Glen Mor. Les siècles passant, et alors que les parties les plus profondes du Glen se remplissaient d'eau, le paysage commença à changer et trois nouvelles étendues d'eau tentaculaires apparurent logiquement : le Loch Oich, le Loch Lochy et le Loch Ness.

De presque 40 kilomètres de long et environ 1 500 mètres de large, le plus grand des trois, le Loch Ness, contient plus d'eau que n'importe quel autre lac britannique et, en son point le plus profond, il plonge d'un vertigineux 200 mètres – et peut-être même encore plus, suggèrent certains. Entouré d'arbres denses et d'immenses pentes oppressantes, il est peu étonnant que le Loch Ness ait, au fil des siècles, été perçu comme un lieu à la fois magique et sinistre. Et, comme tous ceux qui se sont jamais émerveillés devant les mystères innombrables et variés de notre monde le savent bien, le loch est la demeure supposée de Nessie – vraisemblablement le monstre de lac le plus connu du monde. Ou, plus exactement, les monstres de lac. Sans aucun doute, si le Loch Ness abrite effectivement quelque chose de grand et de non-identifié, alors la possibilité qu'il n'y ait qu'une créature est absurde. Seule une colonie conséquente d'animaux inconnus pourrait être responsable d'un phénomène aussi durable et continu. Ceci, bien sûr, si les bêtes ont une origine de chair et de sang – ce qui, incroyablement, pourrait ne pas être le cas, comme nous le verrons.

Des choses beaucoup plus étranges que des observations de monstres se sont produites au Loch Ness, comme quand Aleister Crowley acheta une maison sur ses berges en 1900. Le temps qu'il passa dans la demeure Boleskine vieille de deux siècles, Crowley le consacra à une séquence de magie destinée, selon ses termes, à créer un contact et un dialogue avec le saint ange gardien. Le rite était complexe, impliquant plusieurs semaines de purification et de travail rituel pour Crowley. Sur le site de ce qui est probablement le monstre le plus connu au monde, les actions de Crowley, qui comprenaient des messes noires et des orgies démentes, entraînèrent des phénomènes grandement dommageables. Dans son autobiographie, l'occultiste décrit comment les esprits qu'il avait invoqués au Loch Ness avaient violemment échappé à tout contrôle, provoquant la fuite d'un domestique et la folie d'un ouvrier. Crowley insinua également qu'il était directement responsable de la section accidentelle d'une de ses artères par un boucher local, qui en mourut. Crowley est supposé avoir inscrit le nom de certains démons sur un ticket provenant de la boucherie.

Richard Freeman, zoologue résident au Centre de zoologie Fortienne de Grande-Bretagne, demande : « Ce pourrait-il que les rituels d'invocation de démons aient fonctionnés d'une façon que Crowley n'avait pas anticipée ? » Freeman poursuit : « Le sorcier des temps modernes Tony "Doc" Shiels pense que ce pourrait bien être le cas [...] Doc fit la connaissance en 1981 d'un homme du nom de Patrick Kelly [qui] prétendait avoir photographié un monstre de lac à Lough Lane [en Irlande]. Ce n'était toutefois pas la plus fantastique de ses déclarations » (Freeman, 2005). Ça ne l'était assurément pas : Kelly affirma être un descendant direct d'Edward Kelly, le célèbre voyant du Dr John Dee, qui se trouvait être le magicien de la cour de la reine d'Angleterre Elizabeth Ire et qui prétendait parler avec les morts par le biais d'un jeune médium qu'il avait formé. Le Kelly actuel affirma aussi à Shiels que son père, Laurence, avait rencontré Aleister Crowley à Paris en 1933, peu après qu'il eut quitté l'abbaye de Thélème. Crowley dit apparemment à Laurence qu'il s'intéressait vivement à l'histoire du monstre du Loch Ness – qui connaissait alors son premier engouement majeur au XXe siècle.

Ainsi, les origines du monstre du Loch Ness pourraient être radicalement différentes de ce que beaucoup ont longtemps supposé. En gardant ceci à l'esprit, ce qui vient ensuite dans notre étude des men in black est le cas d'un autre homme qui en vint à croire que les créatures du loch avaient une origine véritablement surnaturelle et qui, à la suite de ses recherches (ou de ses fouilles malavisées, peut-être), se retrouva, au loch lui-même, la cible d'un homme en noir fondamentalement hostile.

Frederick William Holiday est né en 1920 et était un journaliste, pêcheur, crypto-zoologue, et spécialiste de la faune bien connu. Largement inspiré par des articles de journaux sensationnels au début des années 1930, Holiday consacra la majeure partie de sa vie à enquêter sur le mystère du monstre du Loch Ness et, dans les années 1960, il devint un membre du Bureau d'investigation du Loch Ness. Après avoir passé des centaines d'heures à surveiller fidèlement et attentivement le lac, Holiday fut en mesure de clamer quatre observations de créatures mystérieuses dans les sombres profondeurs de l'eau.

Dans son livre de 1968, *The Great Orm of the Loch Ness*, Holiday suggéra que les animaux pourraient très bien être de monstrueux invertébrés. En 1972, néanmoins, il avait publiquement, et radicalement, rejeté son hypothèse initiale selon laquelle les monstres du Loch Ness étaient des créatures purement physiques que la science devait encore classifier. Ceci est manifeste dans son deuxième livre, *The Dragon and the Disc*. Dans ses pages, Holiday suggérait qu'il y avait une relation claire entre les monstres du lac et les ovnis. Il avança même la possibilité que les bêtes fussent maléfiques par nature et qu'elles avaient une origine paranormale ou démoniaque. Cette théorie était née d'un événement survenu le 2 juin 1973. Ce jour-là, Holiday avait rendez-vous au Loch Ness avec un certain révérend, le Dr Donald Omand, qui était sur le point de tenter quelque chose de réellement remarquable et probablement unique : rien de moins qu'un exorcisme à grande échelle du lac tout entier.

Selon les mots de Holiday lui-même, « Nous nous sommes d'abord arrêtés sur la plage de Lochend où une cérémonie protectrice fut tenue. Elle consistait en une courte messe suivie de l'application d'eau bénite sous la forme d'une croix sur le front des célébrants. » Le Dr Omand a ensuite entonné : « Assure que, par le pouvoir conféré à Ton indigne serviteur, ce loch des hautes terres et les terres qui l'entourent soient délivrés de tout esprit maléfique » (Holiday, 1986). Le groupe se mit ensuite prudemment en route, via Inverness, vers la rive sud-est, jusqu'à Fort Augustus, puis jusqu'aux ruines du château d'Urquhart. En chaque lieu, un exorcisme fut dûment réalisé. Les événements du jour culminèrent avec un rituel de purification sur un bateau au milieu du lac lui-même. Holiday admit, avec une certaine inquiétude, qu'il s'attendait grandement à ce qu'une des bêtes fantastiques fende brutalement la surface des eaux profondes au plus haut de l'exorcisme. Heureusement pour lui et pour le Dr Omand, une telle créature n'apparut pas.

Alors que de nombreux chercheurs et étudiants traditionnels sur le sujet des monstres du Loch Ness rejetèrent l'idée qu'ils pourraient être plus – ou, paradoxalement, moins – que des créatures de chair et de sang, d'autres étaient prêts à au moins jeter un œil aux données suggérant que le paranormal pourrait jouer un rôle dans la controverse en cours. Un de ceux-ci était un célèbre chasseur du monstre nommé Tim Dinsdale qui, commentant l'exorcisme du Dr Omand, déclara publiquement : « Je n'étais pas enclin à me moquer du Dr Omand, ou de ceux qui l'accompagnaient, même si je pouvais difficilement souscrire à l'idée que le monstre était un fantôme. L'ayant vu et photographié, je savais qu'il en était autrement mais, pour autant que les forces occultes fussent concernées, si le Dr Omand pensait qu'il était possible de débarrasser les lieux de ces créatures, il méritait une écoute respectueuse » (Dinsdale, 1976).

De manière intéressante, en dépit de sa déclaration *publique* sur le fait qu'il pouvait difficilement accepter l'idée que la créature aurait des origines surnaturelles, dans une lettre *privée* à Holiday en 1974, Dinsdale écrivait qu'il était conscient depuis quelques années de ce qui semblait être un élément paranormal dans le phénomène du monstre du Loch Ness. Il avait de fait de très bonnes raisons de croire qu'il y avait quelque chose d'extrêmement étrange au sujet des bêtes et qu'elles n'étaient pas ce qu'elles paraissaient être au départ. Commentant ses activités de chasse au monstre au loch et ailleurs, il observa qu'en de bien trop nombreuses occasions, lorsque les gens essayaient de photographier les créatures des profondeurs, leurs appareils ne fonctionnaient pas correctement, ou les photos sortaient floues ou voilées une fois développées. Holiday admit que la plupart des chercheurs dans le domaine considéraient ces anomalies comme étant simplement dues au hasard, principalement parce que le point de vue prédominant était que des animaux physiques – même d'une espèce inconnue – n'avaient simplement pas la faculté de provoquer le dysfonctionnement d'un appareil photo. Et pourtant le simple nombre de rapports illogiques répertoriés dans lesquels les problèmes liés aux appareils étaient si répandus ajouta du poids à la conviction croissante de Holiday qu'il y avait quelque chose de très déroutant au sujet des créatures au long cou qui ont, depuis si longtemps, considéré le Loch Ness comme leur demeure.

Mais l'aspect le plus troublant des recherches de Holiday était encore à venir. Un jour de 1973, peu après la série d'exorcismes réalisés par le Dr Donald Omand, Holiday se retrouva de nouveau au Loch Ness, toujours fidèlement à la recherche de la vérité sur sa Némésis énigmatique et insaisissable. Il rapporta plus tard que, le jour en question, « … au-delà de l'herbe, de l'autre côté de la route et au sommet de la pente descendant vers le Loch Ness […] se dressait une silhouette. Contrairement à d'autres promeneurs qui marquent parfois une pause pour admirer le panorama, celui-ci avait le dos tourné au lac et me fixait du regard » (Holiday, 1986).

Se faisant l'écho de ce que tant d'autres ont dit au sujet des men in black, Holiday admit avoir éprouvé un sentiment intense de malveillance et d'anormalité émanant de l'entité froide et indifférente en présence. Soudain, il entendit un curieux bruit sifflant ou chuintant et l'homme en noir disparut en un instant. Il y eut par la suite une séquelle presque fatale de cet événement angoissant : lorsqu'il retourna au Loch Ness en 1974 pour poursuivre ses recherches, Holiday fut stoppé en chemin après seulement quelques jours par une grave crise cardiaque. Alors qu'un brancard le transportait depuis le bord du lac jusqu'à une ambulance en attente, il jeta un regard brumeux sur le côté et remarqua qu'il venait de passer à l'endroit précis où l'homme en noir s'était tenu l'année précédente.

Tristement, Holiday décéda prématurément en 1979 ; il n'avait même pas 60 ans. Certains pourraient être enclins à soupçonner qu'il fut la victime des men in black.

Le 3 mai 1975, une apparition vraiment mémorable d'ovni, accompagnée de MIB, fut portée à l'attention du Dr Joseph Allen Hynek, qui travaillait comme consultant scientifique pour les programmes d'investigation en ovnis de l'USAF Sign, Grudge et Blue Book et qui, en 1973, avait fondé le Centre d'étude sur les ovnis. Le malheureux personnage qui se retrouva pris dans ce mystère était un homme du nom de Carlos Antonio de los Santos Montiel, qui fit une rencontre rapprochée du type ovni après s'être envolé depuis Mexico dans son avion Piper Aztec 24. Ce fut alors qu'il était dans les environs de Tequesquitengo que son appareil fut brièvement entouré par trois petits véhicules en forme de soucoupe qui le filèrent de *très* près. Fait troublant, ces mêmes ovnis, alors qu'ils encerclaient l'avion de Montiel, s'élevèrent apparemment de 15 000 à 15 800 pieds, avant de filer à vive allure dans les cieux au-dessus des volcans Popocatépetl et Ixtaccihuatl. Cette expérience n'était rien en comparaison de ce qui arriva ensuite.

Hynek (qui décéda en 1986) déclara que plusieurs semaines après sa rencontre, Montiel était censé apparaître à la télévision mexicaine dans une émission pour parler de son expérience avec les ovnis. Il ne s'est jamais montré au studio. Montiel affirma que sa voiture avait été poussée hors de la route alors qu'il se rendait à la station. Un homme d'apparence étrange vêtu de noir s'approcha de lui après avoir réussi à stopper sa voiture et suggéra sur un ton sévère qu'il serait imprudent de sa part de se rendre à l'émission. Montiel choisit de suivre le conseil de l'homme – et, peut-être, cela lui sauva-t-il la vie.

CHAPITRE 8

MÉDECINS, PONEYS MORTS ET UN HOMME EN MARRON (FIN DES ANNÉES 1970)

Une sinistre affaire de MIB, rivalisant avec celle d'Albert Bender de par son degré d'étrangeté, survint aux alentours de 20 heures le 11 septembre 1976. Quelques heures plus tôt, le Dr Herbert Hopkins n'aurait jamais pu s'imaginer que son monde était sur le point de plonger dans le chaos, mais c'était précisément ce que le destin lui réservait. Hopkins, un médecin généraliste d'Orchard Beach dans le Maine, avait une expérience dans le domaine de l'hypnose et avait alors récemment soumis à la thérapie régressive une victime supposée d'enlèvement extraterrestre du nom de David Stephens. Ce fut en octobre 1975 que Stephens, un habitant de la ville voisine d'Oxford, souffrit d'une période de temps manqué après une expérience avec des lumières aériennes anormales alors qu'il conduisait tard la nuit. Dans une tentative pour ouvrir une porte vers les profondeurs cachées de l'esprit de Stephens et déterminer ce qui lui était vraiment arrivé, Hopkins ouvrit finalement la porte de sa propre maison à un man in black.

La nuit en question, Hopkins était seul chez lui quand le téléphone sonna. À l'autre bout du fil se trouvait quelqu'un se réclamant de l'Organisation du New Jersey pour la recherche sur les ovnis et qui désirait parler avec le docteur du cas Stephens. Hopkins ne le savait alors pas, mais il n'existait *pas* d'Organisation du New Jersey pour la recherche sur les ovnis. S'il l'avait su, il est hautement improbable qu'il aurait ne serait-ce qu'envisagé de faire ce qu'il fit ensuite : il invita l'homme à venir immédiatement chez lui. Ceci était en soi très curieux et illogique, se rendit plus tard compte Hopkins, du fait qu'il n'avait même pas pensé à demander le nom de l'individu. Par ailleurs, sa maison avait par deux fois été victime d'effraction, ce qui rendait ses actions encore plus troublantes – et imprudentes. Suite à l'invitation d'Hopkins, la voix à l'autre bout du fil se matérialisa bientôt sur la scène. En fait, elle se matérialisa *trop* tôt.

Du fait qu'il était déjà plus de 20 heures et que le ciel était sombre, après avoir raccroché, Hopkins se rendit à la porte d'entrée et alluma les lumières extérieures pour son visiteur quand il arriverait. Mais, à la surprise du médecin, l'homme en noir était *déjà* là, gravissant lentement et régulièrement les marches du porche, droit vers le docteur stupéfait. Étrangement, il n'y avait aucune voiture stationnée en vue et Hopkins savait qu'il n'y avait pas de cabine téléphonique à proximité depuis laquelle l'homme aurait pu raisonnablement atteindre sa résidence avec une célérité aussi troublante. Encore plus étrange, Hopkins ouvrit simplement la porte en grand et laissa l'individu entrer.

L'identité de l'homme ne devint pas plus claire une fois à l'intérieur de la maison. Peut-être était-ce l'apparence déroutante de l'interlocuteur sorti de l'obscurité qui fit qu'Hopkins oublia totalement de demander un nom : ses vêtements et son chapeau Homburg étaient des plus noirs, ses gants en velours étaient gris, sa peau était mortellement blanche et il était maigre à l'extrême – comme en témoignait le fait que son costume sans pli était clairement bien trop ample pour sa stature maladive, squelettique.

Plus étonnant, lorsque l'homme s'assit et retira son chapeau Homburg, Hopkins ne manqua pas de constater que son crâne était totalement dépourvu de tout cheveu. Il n'y avait même pas de signe de barbe. De surcroît, il lui manquait aussi les sourcils et les cils. Ses lèvres rouge vif, extrêmement minces, ressortaient crûment sur sa peau d'un blanc laiteux.

Un signe évident du fait que quelque chose d'abominable et d'inhumain était entré dans la demeure des Hopkins était la réaction du chien de la famille, un croisé berger allemand et collie. Il aboya furieusement alors que l'homme entrait dans le séjour, puis mit la queue entre les jambes et fonça se mettre à l'abri dans un placard non loin, où il resta, tremblant, toute la durée de la visite du mystérieux individu. L'homme en noir était apparemment indifférent aux actions du chien terrifié ; il alla droit au but et commença à interroger Hopkins au sujet de son travail sur l'expérience d'enlèvement extraterrestre de David Stephens. Même le style des questions parut étrange à Hopkins : l'homme n'avait aucun accent particulier, sa voix était monotone et dépourvue d'émotion et il avait un côté robot dans son apparence et ses manières. Plus étrange que tout, à un moment donné, alors qu'il écoutait attentivement Hopkins, le man in black plaça le bout de ses doigts sur ses lèvres. Hopkins remarqua avec stupéfaction que les gants gris qu'il portait se trouvèrent rapidement tachés de rouge : l'étrange personnage portait un rouge à lèvres écarlate.

Les événements passèrent alors de la simple étrangeté au franchement sinistre. Le sombre visiteur dit au docteur que lui, Hopkins, avait deux pièces dans la poche gauche de son pantalon ce qui, incroyablement, s'avéra être vrai. Le mystérieux invité ordonna plutôt qu'il demanda à Hopkins de prendre une de ces pièces dans sa poche et de la tenir dans la paume de sa main, ce qu'il fit docilement. Donnant des ordres encore plus opaques, l'homme en noir demanda à Hopkins de ne pas regarder dans sa direction, mais de maintenir son regard attentivement sur la pièce. Hopkins ne put que regarder, frappé d'effroi, la pièce d'argent prendre une teinte bleutée, se brouiller, passer d'une forme métallique à une forme vaporeuse et finalement s'évanouir dans le néant.

Cet étrange personnage émit ensuite une menace très peu voilée à l'encontre d'Hopkins. Il dit au médecin que Barney Hill – le mari de la célèbre victime d'un enlèvement extraterrestre de 1961 Betty Hill, dont nous parlerons dans un chapitre à venir – était mort parce qu'il n'avait plus de cœur, tout comme Hopkins n'avait précédemment plus de pièce. Un sentiment de terreur pure envahit le médecin.

Le man in black ordonna ensuite à Hopkins de détruire absolument toutes les données relatives à l'affaire David Stephens ; sinon, il serait sûrement voué à connaître le même sort que Barney Hill. (En réalité, la mort de ce dernier n'était absolument pas due à une affection cardiaque ; son décès prématuré en 1969 était en fait le résultat d'une hémorragie cérébrale.) Afin d'être sûr qu'il ferait ce qu'on lui demandait, Hopkins fut averti par l'homme en noir qu'il saurait avec certitude si le médecin avait suivi ses instructions – ou non.

Puis survint ce qui fut peut-être l'aspect le plus bizarre de la soirée : le discours de l'homme commença à ralentir de manière notable ; il se leva sur des pieds qu'Hopkins pouvait clairement voir trembler, et rejoignit la porte, que le médecin ouvrit pour lui. S'accrochant fermement à la balustrade, le man in black s'en alla en déclarant laborieusement que son énergie s'épuisait. Un Hopkins ébahi ne put que regarder avec un mélange de crainte et de frustration l'individu mettre lentement, prudemment, un pas devant l'autre en direction d'une lumière aveuglante qui éclairait l'allée à tel point qu'Hopkins était incapable de distinguer quelle était la source d'une telle lueur – seulement que ce n'était pas une voiture. Ou, du moins, pas une voiture *normale*. Il se précipita à la fenêtre de la cuisine pour essayer d'avoir une meilleure vue sur la scène, mais le curieux visiteur et la lumière avaient tous deux disparu le temps qu'Hopkins l'atteigne.

Lorsque sa femme et ses enfants rentrèrent du cinéma, Hopkins était dans un état d'immense détresse et de quasi-panique. Après leur avoir expliqué ce qui était arrivé, il ne perdit pas de temps pour démagnétiser toutes les cassettes des entrevues qu'il avait réalisées avec David Stephens puis, juste pour faire bonne mesure, il les jeta dans la cheminée grondante où elles furent bientôt détruites à jamais, comme les précieuses notes et les précieux fichiers du praticien. Un nettoyage aussi minutieux, espérait sincèrement Hopkins, mettrait un terme à l'affaire. Ce ne fut pas le cas. Pendant presque une semaine entière après ça, Hopkins fit de terribles cauchemars aux petites heures du jour, dans lesquels le visage du man in black grandissait devant lui et au-dessus de lui, devenant toujours plus large et toujours plus proche. Et la famille fut brièvement accablée par une des marques de fabrique des MIB : des interférences téléphoniques généralisées.

Sans surprise, ce fut bien assez pour détourner le Dr Hopkins de l'affaire David Stephens sans même y revenir une seule fois. Il reste néanmoins un dernier point qui mérite d'être mentionné. Il est lié à la capacité du man in black à transformer une des pièces prises dans la poche d'Hopkins en une substance vaporeuse. Et c'est un point qui suggère que le phénomène des MIB pourrait être bien plus ancien que ce que nous soupçonnons habituellement. Il provient de Brad Steiger, qui fait autorité en matière de men in black : « Bon nombre des grands alchimistes – un sujet qui me fascine – recherchaient des anges qu'ils pourraient commander. La magie est perçue comme un rituel non approuvé lorsqu'elle vise à profiter au praticien, mais ils cherchaient à ordonner à ces entités de leur apporter le secret de la transformation des métaux vulgaires en métaux précieux. J'ai trouvé de nombreux exemples d'alchimistes recevant la visite d'un gentleman en noir, un bourgeois prospère vêtu sombrement, qui apparaissait au laboratoire et leur montrait certaines choses. Certaines étaient bienveillantes et d'autres étaient plus lugubres. »

Ces sinistres hommes vêtus de noir, tels que décrits par Steiger – qui avaient la capacité de transformer les métaux et démontraient cette faculté lors de visites mystérieuses –, ressemblent étonnamment à des versions vieilles de plusieurs siècles du manipulateur, ou dans ce cas, destructeur, de métal du Dr Herbert Hopkins.

Je suis aussi bien renseigné sur les faits entourant l'expérience d'un autre médecin avec les MIB au milieu des années 1970, également aux États-Unis, dans une petite ville du nord de l'Idaho. Dans ce cas, il fut demandé au docteur (qui a tenu à garder l'anonymat) de réaliser un examen du bras d'un jeune garçon qui était marqué d'une abrasion inhabituelle.

« Je lui ai demandé comment il s'était fait ces marques étranges et ce qui les avait créées. Il a répondu : "les docteurs de l'espace". » Tandis que le médecin écoutait, le garçon raconta avoir vu un « avion volant à basse altitude » pénétrer dans une zone forestière isolée près de chez lui. Intrigué par ce qui se passait, l'enfant s'aventura dans les bois et tomba sur un groupe de gens bizarres qui, déclara le docteur, « capturèrent » le garçon, le transférèrent dans une sorte d'appareil et le soumirent à d'« innombrables tests médicaux et intellectuels ».

Tout ceci aurait pu être pris pour rien de plus que le résultat d'une imagination hyperactive de la part de l'enfant. Pourtant, cinq ans plus tard survint un événement qui jeta un doute majeur sur ce scénario très terre à terre. Le médecin était chez lui et regardait la télévision quand des coups retentirent à sa porte. Devant le docteur se tenaient là deux hommes vêtus de « survêtements noirs, chaussures noires, gants noirs et même lunettes de soleil ».

Seul un des deux parla et demanda si le docteur avait « connu le garçon » ou non. L'intéressé demanda aux deux MIB pourquoi ils voulaient le savoir et la réponse de celui qui parlait fut qu'il était simplement curieux. Naturellement suspicieux, le médecin ne relata qu'une partie de l'histoire, du fait qu'elle impliquait le garçon, ce sur quoi un des MIB réussit à former un vague sourire sans émotion. Tous deux partirent rapidement, pour ne jamais plus obscurcir la porte du docteur.

Le matin du 11 avril 1977 fut très étrange : pas moins de quinze poneys sauvages furent trouvés morts à Cherry Brook Valley, dans le Dartmoor, au Devonshire, en Angleterre, par un commerçant de Tavistock, Alan Hicks, qui avait traversé la lande ancestrale dénudée et balayée par les vents avec ses enfants. Ce ne fut toutefois pas avant mi-juillet que les médias rapportèrent l'incident en détail. Des articles de journaux en ma possession montrent que l'histoire est allée jusqu'en Afrique du sud. En effet, le *Daily News* de Durban rapporta le 15 juillet que « Des hommes masqués utilisant des détecteurs de métaux et des compteurs Geiger ont parcouru hier une vallée reculée du Dartmoor dans un effort pour résoudre un mystère macabre. Leur fouille se concentra sur une prairie marécageuse où quinze poneys sauvages furent trouvés morts, le corps mutilé et déchiqueté » (« Un lien entre les ovnis et la mort de poneys », 1977).

Alors que d'autres enquêteurs recherchaient des signes de malnutrition, de maladie, d'empoisonnement ou même de blessures par balle, ces quatre hommes cherchaient des preuves que des visiteurs extraterrestres étaient responsables des morts. Si un ovni *s'était* trouvé dans les parages, suggéra John Wyse, le fondateur du Centre pour les ovnis de Devon duquel les quatre hommes dépendaient, il n'était pas du tout inconcevable que les preuves d'un tel atterrissage fussent encore discernables, bien qu'aucune ne fût trouvée. Selon la Société des poneys du Dartmoor, toutefois, les animaux étaient probablement décédés de mort naturelle dans diverses parties de la lande et avaient été jetés ensemble par un fermier peu désireux d'assumer les coûts de leur inhumation.

De nombreuses autres théories furent avancées à l'époque, mais la piste s'est effacée jusqu'en 1991, lorsque Jonathan Downes, un auteur prolifique, journaliste et enquêteur, commença à sonder le dossier. Downes – qui vivait à l'époque dans le Devonshire (et y habite encore aujourd'hui) – réussit à retrouver la piste d'un certain nombre des gens qui avaient été cités dans les journaux quelque quatorze années plus tôt. Curieusement, Downes détecta une certaine réticence à parler, même après presque une décennie et demie. Encore plus bizarre, une de ces mêmes personnes qui s'accrochaient fermement à une explication non paranormale pour la mort des poneys se plaignit auprès d'un collègue chercheur de

Downes d'être constamment harcelée nuit et jour, alors qu'en réalité le seul contact avait été un unique coup de téléphone.

Comme le fit remarquer Downes, tout ceci rappelait l'expérience avec les men in black de John Keel qui déclarait dans son livre, *La prophétie des ombres*, au sujet de ce genre de persécution téléphonique désagréable et mystérieuse : « J'ai conservé un journal précis des appels fanatiques que j'ai reçus et j'ai finalement catalogué les diverses tactiques des mystérieux blagueurs. Certaines d'entre elles étaient si élaborées qu'elles ne pouvaient être l'œuvre d'un cinglé solitaire harcelant les disciples des ovnis pendant son temps libre. Tout ceci semble plutôt être soit le travail de forces paranormales, soit de grandes opérations bien financées par de grandes organisations dont les motivations m'échappent » (Keel, 1991).

Les morts de poneys de 1977 ne furent jamais résolues et, l'enquête de Jonathan Downes s'étant finalement retrouvée dans l'impasse proverbiale, les attaques téléphoniques s'estompèrent elles aussi logiquement.

Les men in black étaient bien présents alors que les années 1970 touchaient à leur fin. Un chercheur du nom de Richard D. Seifried se souvenait d'un incident de 1979 qui vit la présence de deux MIB à une conférence sur les ovnis dans l'Ohio. Selon Seifried, ils portaient tous deux « des costumes noirs très propres, arboraient des coupes de cheveux de GI et ce qui ressemblait à des chaussures noires réglementaires de l'Air Force » (Seifried, 1993).

À la fin de la conférence, Seifried et ses amis quittèrent le hall et, alors qu'ils remontaient un long couloir en direction d'un parking à l'extérieur, ils virent les deux hommes juste devant eux. « Ils ont passé le coin du bâtiment, se souvenait Seifried. Même si nous n'étions probablement pas à plus de douze ou quinze mètres derrière eux, quand nous avons tourné au coin, les deux hommes avaient disparu [...] Ce qu'ils ont fait était inhumain » (Seifried, 1993). Cette expérience, il convient de le noter, rappelle *beaucoup* celle d'Allen Greenfield qui, une décennie plus tôt, en 1969, rencontra un man in black lors d'une conférence sur les ovnis à Charleson, en Virginie occidentale. Et, comme ce fut le cas avec Seifried, l'homme en noir de Greenfield disparut surnaturellement dans le néant quand il essaya hâtivement de le poursuivre.

Cette même année 1967, fut remarquable pour une autre rencontre avec un homme en noir – ou, plutôt, dans ce cas précis, avec un homme en marron ! Le témoin était un jeune vendeur de journaux nommé Warren Weisman qui suivait son itinéraire quotidien de livraison à Tucson, en Arizona, tôt le matin du 19 février. Soudain, et sorti apparemment de nulle part, un étrange objet vint s'écraser depuis le ciel sur une voiture stationnée sur le côté de la route. La violence de l'impact fut telle qu'il détruisit la section arrière du véhicule. La roue arrière droite fut arrachée au châssis et le mystérieux instrument rebondit sur la voiture et percuta une boîte aux lettres à proximité, la renversant.

Weisman, sous le choc, s'approcha prudemment de cette scène chaotique et vit que l'objet, quelle que fût sa nature, était de couleur noire, brillait et avait plus ou moins la forme d'un four à micro-ondes. Le livreur resta là un moment, se demandant quoi faire ensuite ; c'est-à-dire jusqu'à ce qu'une voiture de couleur sombre déboule de nulle part, s'arrête à côté de lui et qu'en descende l'homme en marron, que Weisman décrivit plus tard comme du genre guindé du FBI. L'homme en marron, sur un ton qui tenait beaucoup plus de l'ordre ferme que de la suggestion amicale, conseilla à Weisman de reprendre sa livraison de journaux. Au lieu de quoi, le jeune homme se précipita dans la sécurité de son foyer, laissant l'homme en marron derrière lui. Ce fut une décision avisée, peut-on penser.

CHAPITRE 9

COLIN BENNETT RENCONTRE MONSIEUR X (DÉBUT DES ANNÉES 1980)

Colin Bennett est un véritable visionnaire en matière de recherche, d'interprétation et d'écriture ufologiques, qui vécut un jour une expérience avec un man in black à Notting Hill, un quartier de l'ouest de Londres. « Les dates et l'heure exactes m'échappent aujourd'hui, dit Bennett, mais c'est au début des années 1980 que j'ai rencontré un homme en noir. Je me souviens que c'était un dimanche particulièrement calme, sans coup de téléphone, ni visite à l'appartement. Le silence était des plus étranges car Notting Hill était à l'époque un quartier qui pouvait, en moins de cinq minutes, se transformer en un croisement entre une fusillade à Mexico et une émeute dans le vieux bazar du Caire. » Peut-être pour suggérer ce qui devait bientôt se produire, Bennett observe : « L'absence d'une telle activité en ce dimanche était quelque peu déroutante. »

Bennett décida, pour échapper à l'absence de quoi que ce soit d'intéressant à faire, ou de qui que ce soit avec qui traîner, de se rendre à son cinéma local, le Coronet. Puis, il rentra chez lui, vers

La rencontre de Colin Bennett avec un homme en noir fut précédée de l'apparition d'un bombardier Lancaster fantôme.

23 heures. C'est alors que quelque chose de vraiment étrange se produisit. Alors qu'il était sur le point de rentrer dans son appartement, Bennett vit « une grande lumière dans le ciel, juste audessus. Elle avait des caractéristiques particulières. Elle était si puissante que s'il s'était agi d'un projecteur, mes yeux auraient été gravement endommagés. Mais non, en dépit de sa taille et de son intensité apparente, la lumière diffusait une ambiance douce et relaxante. Je criai en direction du sous-sol de la maison où Mary, ma petite amie de l'époque, vivait. Elle sortit et, éclairée par la lueur, commença à monter les marches en acier de l'escalier extérieur en direction du trottoir. »

Puis, il se produisit quelque chose de bizarre. La lumière non identifiée se mua en quelque chose de radicalement différent : un bombardier britannique *Lancaster* de la seconde guerre mondiale, un avion qui avait joué un rôle crucial dans le conflit avec l'Allemagne nazie ! Non seulement ça, mais l'appareil semblait *planer* dans le ciel au-dessus de Powis Square : « Je me suis tourné vers la droite et je me suis dit, *Si Mary ne voit pas ce que je vois, je vais avoir besoin d'une aide médicale.* Mais heureusement pour moi, elle vit bien le bombardier lorsqu'elle atteignit la rue », dit Bennett.

Il était évident pour Bennett qu'il ne s'agissait *pas* d'un *Lancaster* survivant en provenance ou à destination d'un musée de l'aérospatiale ou d'un lieu similaire. De fait, alors que l'engin *ressemblait* à un bombardier de guerre vieux de plusieurs décennies, ses actions suggéraient que ce n'était pas le cas, comme le comprit clairement et rapidement Bennett : l'appareil était silencieux, il n'y avait pas de mouvement au niveau de ses réacteurs et il n'y avait aucun signe d'une marque quelconque ou d'un train d'atterrissage. Comme si ce n'était pas déjà assez étrange, la lumière qui s'était initialement transformée en bombardier de la seconde guerre mondiale, changea de nouveau d'apparence. Cette fois, elle prit la forme d'un appareil distinctement triangulaire et accéléra pour sortir de la zone à grande vitesse vers le nord.

« Mais d'autres surprises étaient encore à venir », dit Bennett, ce qui était certainement un euphémisme : « là, en rentrant dans l'appartement de Mary, il y avait un homme en noir assis sur le canapé. Mary me le présenta nerveusement, bien qu'aujourd'hui, aucun de nous deux ne se rappelle de son nom – encore un mystère. Elle dit que l'individu – appelons-le M. X – avait appelé pour voir un homme du nom de John qui vivait juste au-dessus dans l'appartement du rez-de-chaussée, mais qu'il s'était avéré que John n'était pas là. M. X avait donc demandé à Mary – via l'interphone – s'il pouvait attendre un moment chez elle l'arrivée de John. Elle avait accepté, et ouvert la porte pour le faire entrer, un aspect de la scène qui m'étonna. Notting Hill, comme je l'ai mentionné, était un lieu extrêmement dangereux à l'époque et aucune femme seule – jeune ou âgée – ayant toute sa tête n'aurait laissé un étranger entrer à son domicile tard le soir, quelles que fussent les circonstances. »

Cet exemple frappant d'un curieux manque de bon sens d'un individu pour sa sécurité physique personnelle en face des men in black se fait l'écho, dans des proportions réellement inquiétantes, du cas du Dr Herbert Hopkins dans le Maine en 1976. On pourrait être fortement enclins à suspecter que ces noirs personnages exercent une sorte d'influence sur nos facultés mentales et notre capacité à penser de manière logique et cohérente.

Bennett dit de l'énigmatique visiteur : « Notre man in black était plutôt amical et affable. Une personne cultivée et sophistiquée, avec un élégant accent britannique. Quoi qu'il en soit, son apparence s'accordait en partie au principe MIB : bonne trentaine ou petite quarantaine, cheveux blond mordoré lui tombant en boucles sur les épaules, visage hâlé. Conforme au genre, notre M. X portait un costume bien taillé d'un noir profond avec une cravate noire et une chemise blanche soignée. »

Bennett et Mary décidèrent ensuite de tout dire à M. X au sujet de l'extraordinaire véhicule polymorphe qu'ils venaient de voir dans le ciel de Notting Hill. Sa réponse ne fut toutefois probablement pas celle que le couple attendait : il ne fit même pas une plaisanterie, ne fut même pas vaguement amusé, mais n'éluda certainement pas la question non plus. En fait, Bennett révèle un point vraiment intéressant et éclairant : « Je dois faire attention de ne pas trop appuyer l'argument ici ; j'ai eu l'impression qu'il savait tout de ce que nous venions de voir. Il accueillit notre récit de manière *bien trop calme* et retenue à mon goût. Il était un peu comme un professeur d'université qui considérait calmement les points d'un exposé qui venait de lui être lu par un étudiant, prêt à donner une note. J'ai eu l'impression qu'il évaluait nos réactions et que le costume, la cravate, les cheveux, le visage, n'étaient qu'un déguisement. »

Bennett ajoute qu'il n'était pas effrayé par le man in black et qu'en aucune manière l'homme ne suggéra, de manière conventionnelle, que Bennett et Mary devraient oublier ce qu'ils venaient de voir. Au contraire, se souvient Bennett : « Après une brève conversation pleine d'esprit, il déclara qu'il avait décidé de ne pas attendre John et qu'il allait partir. C'était comme s'il avait entendu ce qu'il voulait entendre et que John était devenu sans intérêt. Remerciant poliment Mary pour l'avoir autorisé à rester quelque temps, il disparut dans la nuit de Notting Hill qui, comme d'habitude, venait de s'éclairer des lumières bleues des camionnettes de la police, remplaçant les projecteurs des ovnis. »

Imitant presque en tout point la manière dont le noir personnage d'Allen Greenfield avait apparemment disparu dans le néant en 1969, et celle dont le couple de MIB de Richard D. Seifried l'avait fait dix ans plus tard, l'homme en noir de Bennett réalisa une manœuvre stupéfiante, comme il le révèle lui-même : « Dès que Mary eut fermé derrière lui, je suis monté et j'ai ouvert la porte d'entrée, mais notre visiteur était parti. Dans l'univers de Newton, j'aurais dû apercevoir notre man in black traversant la cour et remonter les marches jusqu'au trottoir mais non, il n'était pas là. Je demandai à un groupe de policiers s'ils avaient vu quelqu'un sortir de l'escalier du sous-sol. Mais ils n'avaient vu personne et jetèrent des regards menaçant aux cheveux longs de hippy que je portais à l'époque. Dans ces conditions, leur demander s'ils avaient vu disparaître un man in black n'aurait pas été malin. »

À ce stade, le fait que l'homme avait disparu dans de bien curieuses circonstances, et l'extrême illogisme de l'invitation désinvolte de Mary envers un étranger – et un étranger en costume noir, qui plus est – sans la moindre arrière-pensée pour sa sécurité personnelle, commençaient à titiller intensément l'esprit fumant de Bennett :

> J'ai fait asseoir Mary et l'ai interrogée calmement. Pourquoi l'avait-elle fait entrer ? Elle ne savait pas pourquoi. Je me suis un peu fâché et lui ai dit qu'elle aurait pu se faire tuer. Elle était très bouleversée par tout ça et je décidai de ne pas la harceler plus. Je dois ajouter que Mary était une fille cultivée avec une licence en physique. C'était une femme sûre d'elle et prudente, quelque peu conservatrice, et une habituée de Notting Hill en la matière. Son comportement en cette occasion était des plus curieux. Je compris alors qu'elle était en état de choc, et cessai de la tourmenter. Note personnelle : elle ne me laissa pas passer la nuit avec elle comme elle le faisait d'habitude. Ce fut le début d'une rupture

dans notre relation que je crois encore aujourd'hui due à cet incident avec les ovnis/MIB.

L'aspect le plus fantastique de l'histoire était pourtant encore à venir. C'est un aspect que Bennett n'a jamais oublié : « J'ai regagné mon propre appartement au deuxième étage. Je me suis penché pour mettre à manger dans la gamelle du chat. En me redressant, je sus qu'une portion de temps avait disparu. À mes trois horloges et à ma montre, il était 23 h 05 – l'heure à laquelle j'avais quitté le cinéma ! Il était impossible de faire entrer dans le cadre le temps de mon achat de la nourriture pour chat et de mon retour à pied à l'appartement – vingt minutes en tout. J'appelai Mary pour lui dire que je voulais lui parler de tout ceci, mais elle refusa. » (Il y a une toute nouvelle théorie pour expliquer ce déplacement et cette manipulation temporelle en lien avec les men in black, comme nous le verrons dans un chapitre à venir.) Le lendemain, Bennett croisa ledit John et l'informa que « j'avais rencontré un ami à lui la veille au soir. Je lui décrivis notre MIB et John déclara n'avoir aucun ami qui correspondait même de loin à la description. Donc, nous y voilà : un ovni, un man in black et une petite amie qui ne voulut plus jamais avoir affaire à moi ! »

Bennett admet, presque 30 ans après : « Je suis bien conscient que les sceptiques pourraient dire qu'en ce qui concerne l'homme en noir, j'aurais pu être victime d'une forme d'hallucination. » Contrant un tel argument, ou l'idée que toute l'affaire n'avait été qu'une grosse farce à ses dépens, Bennett propose un argument très convaincant : « Mais si c'était un plaisantin, la manière dont il a contourné Mary, synchronisé son arrivée avec le phénomène dans le ciel et dont il m'a donné cette impression de temps disparu reste pour moi un mystère. »

CHAPITRE 10

MEN IN BLACK MODERNES (FIN DES ANNÉES 1980 ET ANNÉES 1990)

À la fin des années 1980 et au milieu des années 1990, il y eut une véritable vague d'activités MIB à travers tous les États-Unis et la Grande-Bretagne directement liée au fameux phénomène des enlèvements extraterrestres. Il y avait les menaces typiques, en personne comme au téléphone ; le courrier disparaissait ou, à tout le moins, montrait des signes évidents d'altération ; et une intense paranoïa s'empara de certains acteurs du feuilleton. Pendant ce temps, les men in black observaient avec des yeux glaciaux et approbateurs le chaos et le carnage mental qu'ils généraient.

De l'enquêteur respecté Peter Hough nous vient un récit vraiment remarquable lié aux men in black. Parmi les nombreux cas différents sur lesquels Hough enquêta, il y en avait un qui concernait un policier, Philip Spencer, qui, en 1987, est supposé être tombé sur une créature d'apparence extraterrestre sur la lande d'Ilkley, dans le Yorkshire, en Angleterre. Les recherches de Hough suggérèrent que Spencer avait souffert d'une certaine période de temps manquant – du genre qui est typique des enlèvements extraterrestres – mais

L'auteur Marie Jones eut des déboires avec un MIB alors qu'elle enquêtait sur des enlèvements extraterrestres dans les années 1990.

l'aspect le plus remarquable de l'histoire était une preuve incroyable que Spencer avait à sa disposition pour étayer ses affirmations extraordinaires : une unique photographie montrant une petite créature de couleur sombre escaladant une pente herbeuse sur la lande.

Afin d'essayer de déterminer ce qui s'était passé pendant cette phase de temps manqué, Spencer fut soumis à une hypnose régressive et se rappela avoir été embarqué à bord d'une imposante soucoupe volante argentée, où il subit un examen physique et fut averti d'une catastrophe écologique à venir qui affecterait la Terre. Plus significatif, la régression permit à Spencer de se souvenir précisément dans son esprit de l'image de l'entité extraterrestre qu'il avait rencontrée : elle était de petite taille, aux alentours d'un mètre vingt, avait des oreilles pointues, de grands yeux, une petite bouche et d'immenses mains à trois doigts qui lui rappelèrent de grandes saucisses.

Mais ce n'était pas tout. Devinez qui devait bientôt faire son apparition. Oui, exactement. Un vendredi soir de janvier 1988, les événements prirent une tournure encore plus étrange pour Spencer. Entendant des coups à sa porte d'entrée, il alla logiquement l'ouvrir, pour se retrouver confronté à deux hommes d'âge moyen, élégamment vêtus de costumes d'affaires. Sinistrement, ils présentèrent tous deux des cartes du ministère de la défense portant les noms de Jefferson et Davis.

Spencer, troublé et quelque peu inquiet, invita comme il se doit les hommes à entrer et écouta attentivement Jefferson annoncer qu'ils étaient venus l'interroger au sujet de son expérience avec l'ovni sur la lande l'année passée. Encore plus étrange, Spencer n'avait discuté de sa rencontre qu'avec trois ufologues civils ; pourtant, les hommes du ministère – ou *soi-disant* du ministère – savaient apparemment tout de son expérience et inondèrent le policier perplexe d'une avalanche de questions et d'interrogations ciblées en lien avec sa rencontre extraterrestre.

Peut-être conscient du fait qu'il s'adressait à la bureaucratie, Spencer admit avoir pris une photo, mais déclara qu'elle était en possession d'un ami. En réalité, le négatif était entre les mains de Peter Hough à ce moment-là. Suite à cette révélation, les deux hommes perdirent soudain tout intérêt à poursuivre la conversation et s'en allèrent rapidement aussi mystérieusement qu'ils étaient apparus. Était-ce, peut-être, parce qu'ils avaient compris qu'ils arrivaient trop tard pour récupérer la preuve potentiellement inestimable de Spencer sur son enlèvement extraterrestre ? Qui était le mystérieux duo ? Était-il possible qu'ils fussent des agents du gouvernement britannique sous couverture ? Où étaient-ils d'une origine bien plus étrange ? À ce jour, la véritable identité de Jefferson et Davis reste un mystère.

En avançant de presque une décennie, nous trouvons un autre cas dans les îles britanniques. Irene Bott, anciennement directrice du Staffordshire UFO Group, enquêta sur une affaire notable impliquant les men in black dans la controverse sur les enlèvements extraterrestres. Peu après avoir fondé son groupe en 1995, Bott se retrouva plongée dans une situation impliquant un témoin d'ovni qui aurait bien pu connaître lui aussi une phase de ce fameux temps manquant. Exprimant l'intense désir d'en savoir plus sur ce qui lui était arrivé que les fragments de souvenirs qui circulaient dans son esprit, le témoin contacta Bott et relata les détails entourant son observation, aux premières heures d'une matinée de 1995, d'un objet triangulaire fortement éclairé à basse altitude dans le ciel du comté de Staffordshire.

Le témoin était certain qu'il y avait plus que ce dont il parvenait à se souvenir consciemment et exprima le besoin d'être aidé pour démêler ce qui avait réellement eu lieu. En conséquence de quoi, Bott adressa le témoin à un collègue de son groupe, et ils discutèrent tous deux des détails par téléphone. Ce qui suit est crucial eu égard aux questions abordées dans ce livre : peu après être rentré à la maison après une journée de travail, le témoin découvrit qu'un message avait été glissé dans sa boîte aux lettres et l'avertissait de ne pas continuer d'enquêter sur sa rencontre avec l'ovni.

Naturellement grandement préoccupé, l'homme demanda à ses voisins s'ils avaient vu roder autour de sa maison quelqu'un qui aurait raisonnablement pu être l'auteur de ce message étrange et déroutant. Par chance, un des voisins *avait* vu quelque chose d'inhabituel ce jour-là. Peu après que le témoin fut parti travailler, une voiture noire s'était arrêtée devant sa maison. Un homme entièrement vêtu de noir et portant une mallette tout aussi noire était sorti du véhicule, avait rapidement remonté l'allée, avait glissé un bout de papier dans la boîte aux lettres avant de retourner prestement à sa voiture et de partir à vive allure. Oui, un de nos mystérieux personnages avait de nouveau frappé. Et ce fut une rencontre qui conduisit fort justement Irene Bott à poser cette question toujours non résolue : « était-ce un man in black britannique ? »

En retraversant l'Atlantique pour revenir aux États-Unis, un cas classique de MIB nous est offert par Marie Jones, auteur prolifique sur de nombreux sujets à la fois paranormaux et mystérieux. Elle explique : « J'ai toujours éprouvé un grand intérêt pour les phénomènes inhabituels et les trucs alternatifs. Mais, avec les ovnis, j'ai collaboré avec le Centre pour les études des ovnis à la fin des années 1970 et j'ai aussi été au MUFON – le Réseau collectif sur les ovnis – pendant une bonne quinzaine d'années. Mais c'est au milieu des années 1990, lorsque je suis retournée à San Diego après avoir vécu à Los Angeles, que j'ai connu des expériences vraiment bizarres qui font penser à une affaire de men in black. »

Tout a commencé, dit Jones, en 1995, lorsqu'elle publia une annonce dans un journal local gratuit demandant aux gens de prendre contact s'ils s'intéressaient aux ovnis. Cette démarche allait s'avérer coûteuse pour sa santé émotionnelle. « Suite à cette annonce, révèle Jones, une femme dont je préfère taire le nom, et que j'appellerai Anna, m'a contactée. Elle était du genre fille de motard. Nous nous sommes vraiment bien entendues et nous avons décidé de former un groupe qui a très vite décollé ; nous étions très actifs et menions beaucoup d'enquêtes, en particulier sur des affaires et des témoignages d'enlèvements extraterrestres. »

Alors que les deux femmes apprenaient à se connaître, Anna confia à Jones qu'elle subissait un grave harcèlement qui faisait beaucoup penser aux tactiques classiques des MIB. D'étranges personnes appelaient chez eux et des individus d'apparence curieuse frappaient à leur porte. Jones ajoute, concernant cette partie de l'histoire : « Elle et son mari vivaient dans une zone semi-rurale, donc ils étaient un peu isolés, ce qui rendait cela plus inquiétant. Il y avait des menaces au téléphone, d'étranges phénomènes tels que des bruits inhabituels et des interférences sur la ligne, et des trucs du genre. Et plus nous parlions, plus j'apprenais à la connaître, et plus ces choses étranges se mirent à se produire sur mon téléphone. »

Jones, au moins en partie à cause de son amitié pour Anna, était apparemment désormais elle-même la cible des men in black. Néanmoins, étant quelqu'un de fort et de déterminé, Jones n'allait pas laisser un ramassis d'êtres maigrelets au teint terreux et au costume noir venus d'on ne sait où la malmener. Ce qui ne veut pas dire que les appels n'étaient pas déconcertants pour autant. « C'était toujours un homme qui appelait, dit-elle, et la personne à l'autre bout du fil avait une voix très robotique. Il semblait toujours parler à travers une sorte de vocodeur. C'était très rigide, très mécanique. Cette personne me parlait des vêtements que je portais, du livre que je lisais, de la pièce où je me trouvais. Et là où je vivais, vous ne pouviez pas voir chez moi depuis l'extérieur. Les appels continuaient et cet individu me disait toujours plus de choses personnelles qu'il n'aurait jamais dû connaître. »

Le fait d'insuffler minutieusement et délibérément dans l'esprit de Jones l'idée que chacun de ses mouvements était surveillé par des yeux omnipotents et invisibles d'une nature potentiellement hostile ne pouvait être interprétée que comme une tactique de terreur classique – dont les men in black sont friands, comme nous l'avons vu. Jones, lassée et épuisée par la situation, voulait des réponses concrètes quant à ce qui se tramait et pourquoi elle et Anna étaient prises pour cible : « Alors j'ai commencé à demander à Anna si elle savait quoi que ce soit au sujet de ces appels. Elle répondit que oui, elle avait reçu des coups de fil similaires avec des voix de robot. Mais elle dit aussi que certaines des personnes qu'elle avait vues – elle les avait vues sur sa propriété tard la nuit et son mari était sorti au pas de course avec un fusil – se déplaçaient comme des robots. Elles étaient très raides, très guindées, et regardaient sans cligner des yeux. Mais elles avaient l'air humaines. »

Alors que l'étrange situation perdurait, Jones était de plus en plus préoccupée et affectée par la manière dont son monde jusque-là bien ordonné plongeait rapidement dans un chaos, un désordre et une terreur implacables : « J'ai dit à mon mari à l'époque : "Ne réponds pas au téléphone !". Mais avec le recul, c'était une folie de ne serait-ce que penser comme ça. Je veux dire, vous *devez* répondre au téléphone ; mais ça m'intimidait vraiment. Et certains appels arrivaient tard la nuit alors que mon mari – qui était musicien – était parti répéter ou jouer. Et cette personne savait toujours quand j'étais seule. *Toujours.* C'était *très* étrange. Je ne pouvais *pas* me débarrasser de ce sentiment que quelque chose n'allait pas. Ce n'était pas seulement le son de sa voix ; c'était l'atmosphère dans son ensemble. C'était horrible. »

Jones a sa propre idée sur la nature des objectifs mystérieux de l'homme. Sans surprise, elle conclut que le ton, la nature et le mode opératoire des men in black semblaient irradier hostilité et menace. Et bon nombre de ces menaces étaient directement liées aux études de Jones sur les dossiers et les données d'enlèvements extraterrestres :

> Je crois que ce qu'il essayait de faire était de me faire savoir qu'il connaissait beaucoup de choses sur moi et qu'il pouvait me faire du mal s'il le voulait. Il ne dit jamais ouvertement quoi que ce soit au sujet de me faire du mal mais c'était assurément l'idée qu'il faisait passer. C'était une insinuation. C'était glaçant. En y repensant, le truc remarquable était qu'il était bien moins intéressé par les ovnis en tant que sujet de discussion que par le groupe et ce qu'il faisait avec ses recherches sur les enlèvements.
>
> Et cet homme, au lieu de se renseigner sur les ovnis, disait des choses comme : «Votre groupe connaît bien telle ou telle victime d'enlèvement», ou telle ou telle personne. Il me faisait savoir qu'il savait ce que le groupe faisait. Je n'avais aucune idée d'où il tenait ses informations, à moins qu'il ait mis mon téléphone sur écoute. Et il me parlait même de choses que j'avais faites quand j'avais vingt ans, du livre qui était posé sur mon lit et de ce que je portais sur le moment. Ça me donnait la chair de poule ; *vraiment* la chair de poule.

Finalement, la situation commença à laisser des marques sur Anna et Jones, à tel point qu'il leur sembla qu'il ne restait qu'une seule option viable : avec une certaine réticence, elles décidèrent de fermer leur groupe de recherche et Jones retourna vivre à Los Angeles. Elle dit aujourd'hui d'Anna et de l'expérience avec les men in black dans son ensemble : « Je n'ai aucune idée de ce qu'elle est devenue, mais je peux vous dire que je ne suis pas quelqu'un qui se laisse facilement intimider. Je suis très bagarreuse ; je choisis de me battre. Mais cette personne me faisait tellement peur que j'ai littéralement tourné le dos à mon groupe. Et ça ne m'était jamais arrivé avant. C'était une étrange sorte de mauvais pressentiment. Ça me donnait envie de reculer et de faire sortir cette personne de ma vie. J'avais même l'impression que quelque chose de mauvais était sur le point d'arriver ; c'était affreux. »

L'auteur enquêteur Chris O'Brien a un récit similaire à raconter, qui tourne également autour du lien entre MIB et enlèvement extraterrestre. Dans ce cas précis, le témoin lui fut adressé par une source inhabituelle : un bureau de sheriff dans le Colorado, état de résidence d'O'Brien. Il reprend l'histoire : « Une des choses qu'elle a mentionnées s'est déroulée précisément quand nous avons eu toutes sortes d'intenses vagues d'activités d'ovnis, à l'été 94 et jusqu'à l'automne 95, dans la vallée de San Luis au Colorado. Elle tenait un journal très complet et j'ai croisé certaines de ses affirmations avec nos rapports et, assurément, il y avait une nette corrélation. Lorsqu'elle prétendait avoir eu ces expériences avec les ovnis, ces enlèvements, nous avions des rapports d'observation d'ovnis, exactement les mêmes nuits, mais en provenance d'*autres* gens – ce que je trouvais *très* intrigant et qui donnait du crédit à son histoire, selon moi. »

Puis, il y eut un développement extrêmement inquiétant : le courrier de la femme en question omit d'arriver avec une régularité préoccupante et elle finit par devoir porter plainte auprès du bureau de poste. Ensuite, un jour, elle remarqua, garée au bout de son allée, une imposante voiture noire qui semblait tout droit sortie d'un showroom des années 1960. Elle sentit que quelque chose de sinistre était en train de se passer. Mais, étant donné que les men in black étaient impliqués, aurait-ce pu être autre chose que sinistre ?

O'Brien dit de ce développement : « Ça avait l'air d'une vieille voiture toute neuve – ce qui est un genre d'oxymore, mais c'est ce qu'elle a dit. Et il y avait ces deux types à côté de la voiture dont elle dit qu'ils ressemblaient aux Blues Brothers, fouillant son courrier – le sortant de la boîte aux lettres, l'ouvrant, et ainsi de suite. Elle regardait toute la scène depuis une longue-vue et était en mesure de saisir certains détails, mais dès qu'elle commença à descendre là-bas – se grouillant de monter sur son quad – ils mirent les voiles. Ceci s'est produit un certain nombre de fois avant qu'elle ne prenne une boîte postale au bureau de la ville. Mais elle avait *encore* des problèmes – pas aussi graves, toutefois – et ça a continué pendant environ un an avant que ça ne cesse enfin. »

Heureusement, la femme avait pu avoir un très bon aperçu de l'énigmatique paire lors d'une de leurs attaques sur sa boîte aux lettres. Si nous nous fions aux mots d'O'Brien, ils pourraient très bien avoir émergé directement des recoins obscurs du grenier du pauvre Albert Bender. « Ils avaient les Borsalinos, les lunettes de soleil intégrales, les cravates-ficelles ; c'était le style men in black complet. J'ai essayé de lui tirer une autre description, quelque chose de plus crédible que "comme les Blues Brothers". Mais c'était tout ce qu'elle pouvait dire : ils ressemblaient à Jack et Elwood. »

Les expériences des sources de Marie Jones et Chris O'Brien pouvaient bien être terminées, mais il y en a d'autres qui méritent notre attention. La chercheuse en anomalies et auteur basée dans l'Oregon Regan Lee parle d'une victime d'enlèvement extraterrestre avec laquelle elle a été en contact dans les années 1990. « Je l'appellerai Jane. Elle avait croisé un ovni dans le parc à caravanes de la région de Gold Hill dans l'Oregon. Elle se souvint grâce à l'hypnose et à des flashbacks qu'elle avait été enlevée par des extraterrestres et qu'elle avait subi un examen médical. Elle fit plusieurs autres rencontres et observa plusieurs ovnis, dont certains ont été vus par d'autres qui étaient avec elle. »

Et, encore une fois, nos vieux amis attendaient avec excitation de surgir de la pénombre. « Ce fut alors qu'elle faisait l'expérience de ces apparitions, de ces rencontres et de communications télépathiques avec les entités, déclare Lee, qu'il lui arriva une chose étrange avec les men in black, courant juillet, à l'institution dans laquelle elle travaillait alors. »

C'était par une journée torride que trois hommes barbus de grande taille à la peau dorée attirèrent l'attention de Jane. Ils portaient des costumes noirs, des chapeaux noirs, des chaussures noires et de lourds pardessus de laine qui – j'ai sûrement à peine besoin de le préciser à ce stade du jeu – étaient également noirs. Jane considéra l'indéniable étrangeté des trois hommes en manteau de laine noire en plein mois de juillet et songea qu'ils pourraient n'être rien de plus que des rabbins en visite, même s'ils paraissaient bien plus asiatiques que juifs. Jane dit à Lee que bien que les trois hommes fussent plongés dans une conversation entre eux, elle fut déstabilisée par le fait que leurs yeux étaient intensément fixés sur elle, et semblaient même la jauger d'une certaine manière.

Lee s'étend sur la nature de ces entités rencontrées par Jane : « Ils paraissaient étrangement conscients de la présence de Jane, et intéressés. Il n'y eut aucun avertissement ou autre interaction, ou de référence aux ovnis, pourtant leur présence pouvait être interprétée comme une mise en garde. Elle avait pour but d'effrayer Jane ; elle associa cette rencontre à ses enlèvements et à ses observations. Les hommes barbus suggèrent pour moi un aspect religieux. Je ne suis pas certaine mais je crois qu'elle était mormone. Les barbes avaient-elles une sorte de lien avec ça ? Peut-être utilisaient-ils l'orientation ou les références religieuses de Jane pour attirer son attention. »

Quelques semaines plus tard, Jane écoutait un talk-show sur son autoradio, lorsqu'une certaine auditrice relata sur les ondes sa propre expérience avec les ovnis au Colorado. La rencontre de l'auditrice avait été suivie par la visite de trois hommes habillés complètement en noir. De manière peu surprenante, Lee révèle : « Cette histoire eut l'effet d'un choc pour Jane, qui se demanda si les trois hommes qu'elle avait vus n'étaient pas liés au même phénomène. Elle se demanda si elle n'avait pas été «marquée ou implantée» par les extraterrestres et si elle n'était pas suivie. »

En d'autres termes, un effet secondaire typique de l'expérience MIB – la paranoïa – avait encore infesté une âme malheureuse.

Enfin, il y a l'expérience de Greg Bishop, un auteur prolifique et un chercheur dans une grande variété de domaines, dont les ovnis, le psychédélisme et les théories de la conspiration. Le récit de Bishop est fascinant et il contient par ailleurs un élément constitutif des révélations d'O'Brien – à savoir, l'implication de personnages dans le style des MIB fouillant le courrier d'individus intimement liés à la controverse des enlèvements extraterrestres. De manière significative, l'histoire de Bishop est empreinte d'une paranoïa angoissante.

Bishop commence ainsi son troublant récit : « La fouille du courrier est le péché mignon des paranoïaques cliniques, mais presque chaque lettre que l'ancienne chercheuse et victime d'enlèvement extraterrestre Karla Turner m'envoyait dans la boîte postale avait l'air d'avoir été examinée ou ouverte. Comme c'est facile à faire sans que ça ne soit trop visible, nous avons établi que quelqu'un devait s'intéresser suffisamment à son travail pour lui faire clairement comprendre qu'elle était sous surveillance. Elle prit l'habitude de mettre un morceau de scotch transparent sur le rabat et d'écrire «scellé par l'expéditeur» dessus. Karla le tint relativement pour acquis par la suite et suggéra que je fasse de même. »

Ce furent des expériences déroutantes comme celle avec Karla Turner qui eurent un effet psychologique désastreux sur l'état d'esprit de Bishop à l'époque. De manière franche et ouverte, il avoue aujourd'hui : « Au cours de mon horrible période parano, lorsque je vécus une année ou deux de paranoïa *ridicule* – ce devait être en 1996 ou 97 – je pensais qu'il y avait des gens qui prenaient des photos de la maison – ce qui était vraiment le cas. J'ai réellement *vu* quelqu'un prendre un jour une photo et s'en aller rapidement en voiture. Aujourd'hui, je me demande s'il n'aurait pas pu s'agir d'agents immobiliers mais à l'époque, j'étais genre : c'est les men in black. »

Et, alors que Bishop voyait de plus en plus de démons cachés à tous les coins de rue – ou, peut-être, de plus en plus d'hommes en noir tapis au cœur de chaque ombre et de chaque sombre recoin

– les choses ont progressivement empiré. Bishop était pris dans une spirale descendante terrifiante qui ne semblait pas près de s'arrêter :

> Je pensais que des gens lisaient mon écran d'ordinateur depuis l'extérieur du bâtiment. Je pensais que mon propriétaire à l'étage me suivait dans tout l'appartement. C'était vraiment bizarre : une nuit, j'étais debout à deux heures du matin et je marchais dans la chambre, et je pouvais entendre quelqu'un marcher dans la pièce au-dessus. L'appartement à l'étage supérieur avait le même plan au sol que le mien. Pendant peut-être cinq minutes, la personne s'est déplacée partout où j'allais, juste après moi. J'entendais le plancher craquer juste au-dessus de ma tête dans chaque pièce où j'allais. C'est à partir de choses comme ça que j'ai structuré l'ossature de ma paranoïa. J'étais angoissé, parano, et je pensais qu'il y avait des genres de MIB à l'extérieur de la maison. Peut-être qu'il y en avait. Mais, vous savez, que je fusse épié ou non, si vous avez une vaste théorie paranoïaque de la conspiration construite dans votre esprit – ce qui était mon cas à ce moment-là – alors tout colle ; et ça *collait* avec le truc de Karla [Turner] et du courrier ouvert.

Par chance, Bishop réussit finalement à faire un pas en arrière significatif pour s'extirper de la pénombre qui l'attirait de ses doigts squelettiques. La négativité et la peur glaciale dans lesquelles il avait été enveloppé si longtemps commencèrent à se dissiper, pour finalement disparaître. Aujourd'hui, Bishop, qui joue encore un rôle significatif dans l'écriture et la recherche en ufologie, mais dans la vie de qui la paranoïa n'a plus aucune place, dit de ses une ou deux années d'enfer personnel : « Je me suis sorti de cet état d'esprit pour une unique raison : j'étais juste trop fatigué d'être parano. Ça vous épuise ; ça vous fatigue physiquement et mentalement. Ça ne veut pas dire que je n'étais pas observé, ou qu'il n'y avait pas de problème avec le courrier. *Il y en avait*. Mais je ne pouvais plus vivre comme ça, dans la peur. »

Malheureusement, comme nous l'avons vu, tout le monde n'a pas été aussi chanceux que Greg Bishop : la route tortueuse et sombre qu'empruntent incessamment les men in black est jonchée de drames, de malheurs et de dépressions mentales.

CHAPITRE 11

LES MIB DANS LE NOUVEAU MILLÉNAIRE (ANNÉES 2000)

Raven Meindel, une crypto-zoologue, écrivaine, animatrice radio et prêtresse Wiccan résidant dans le Michigan qui, en 2010, apparut dans la série *Monster Quest* de History Channel en train de poursuivre des loups-garous assoiffés de sang, déclare : « Je m'intéresse aux trucs paranormaux et aux ovnis depuis des années, mais lorsque je me suis retrouvée plus sérieusement impliquée, de par mes recherches et mes écrits, presque comme une carrière, c'est là que des choses *vraiment* étranges ont commencé à se produire, dont une expérience avec les men in black en avril 2008. »

L'expérience de Meindel fut précédée d'un phénomène assurément inhabituel dans la maison familiale : une semaine avant sa confrontation avec les men in black, son mari, Adam, sentit une bourrasque de vent le traverser à *l'intérieur* de l'appartement, alors que le couple se tenait là, debout, à discuter. Meindel est certaine que l'air conditionné n'était pas enclenché et qu'aucune fenêtre n'était ouverte. C'était comme si, affirma Adam, quelqu'un venait de le frôler, passant brusquement à côté de lui. Quelle que fût la

La chercheuse Raven Meindel, qui s'est retrouvée harcelée par les MIB.

cause de cet étrange événement, il fut le précurseur déroutant du chaos qui allait bientôt suivre, comme Meindel l'expose clairement : « Le 16 avril, vers 17 h 30, deux hommes, habillés tout en noir, sortirent de l'appartement en face de celui où nous vivions à l'époque. Le truc bizarre à ce propos était que personne ne vivait dans cet appartement alors. Ils se sont éloignés et sont montés dans une

Lincoln noire. Et lorsqu'ils sont passés, je jouais dehors au Frisbee avec un gamin du quartier. Le Frisbee portait le nom d'*Alien Volant*, avec un visage extraterrestre dessus, et j'ai pensé que c'était une coïncidence *très* étrange. »

Se sentant quelque peu déstabilisée par la présence peu engageante du duo, Meindel fit son possible pour minimiser la situation. Ses efforts furent toutefois vains. En effet, personne, j'en suis certain, n'a besoin d'entendre dire que les men in black sont rarement connus pour leur joli sens de l'humour et leur joie de vivre. « Nous avons souri aux deux types, et avons fait une blague quelconque, mais leurs traits étaient froids comme de la pierre, burinés, durs, pas d'émotion, rien. L'un d'eux semblait avoir une trentaine d'années et l'autre avait probablement la cinquantaine. Ils étaient habillés complètement en noir et portaient tous deux une mallette. »

Au début, déclare Meindel, elle se demanda si les deux hommes étaient des Mormons, ou peut-être des représentants d'un autre groupe religieux. Mais comme rien ne l'indiquait, elle tenta de s'approcher pour voir la plaque d'immatriculation sur leur voiture tandis qu'ils montaient dans leur véhicule noir. Meindel soupçonna fortement que le duo savait exactement ce qu'elle était en train de faire et « ils reculèrent vraiment vite et mirent les voiles. Vous pouviez être sûr que c'était une manœuvre délibérée. »

Ce fut dans le sillage immédiat de cette expérience glaciale qu'un règne de terreur paranormale s'abattit sur la famille Meindel : le téléphone sonnait mais – surprise, surprise – il n'y avait personne à l'autre bout du fil. La nuit du 19 avril, trois jours seulement après sa rencontre avec les MIB, et alors qu'elle essayait vaillamment de s'endormir (ce qui n'était pas simple, étant donné la nature de l'étrange activité dans la maison familiale), Meindel fut envahie par le sentiment qu'elle ne devait pas entreprendre de recherche sur les ovnis, quelle qu'elle fût et pour quelque raison que ce fût. Selon ses propres mots, « c'était comme une impression terrifiante qui surgissait de nulle part. Je me sentais même quelque peu secouée. Et j'ai concrètement dit, à haute voix : "OK, je ne le ferai pas." »

En dépit de sa réluctance à creuser plus profondément dans la complexité du puzzle des ovnis, les MIB étaient loin d'avoir fini de jouer avec Meindel et sa famille, et de les terroriser. Deux jours plus tard, alors qu'elle était sortie promener son chien, quelque chose d'encore plus étrange et de plus effrayant se produisit : une voiture de luxe noire, peut-être une Cadillac, fit son apparition et sembla la filer. Elle dit de ce nouveau développement qu'« il y avait un homme d'un certain âge au volant et un homme plus jeune sur le siège passager. J'ai éprouvé une sensation étrange. C'était *très* étrange. Ils se sont arrêtés à côté de moi. C'était comme si l'homme plus âgé s'arrêtait délibérément pour me faire comprendre qu'ils s'arrêtaient *pour* moi, *à cause* de moi – à peut-être trente centimètres de moi, juste contre le trottoir. »

La peur de Meindel s'intensifia dramatiquement quand un des deux individus détacha sa ceinture de sécurité et fit mine de sortir de la voiture. Alors, elle eut une idée : elle sortit son téléphone portable, afin que le duo comprenne clairement qu'elle appelait quelqu'un et commença à s'éloigner d'eux en direction d'un club de quartier. « J'ai regardé par-dessus mon épaule et finalement ils sont partis, mais leurs mouvements étaient vraiment délibérés. Il ne fait aucun doute dans mon esprit qu'ils essayaient de me faire peur. »

Les tactiques de terreur fonctionnaient bel et bien et elles ne montraient pas non plus de signe d'une possible fin. Quelques semaines plus tard, se souvient Meindel, son mari, Adam, entendit distinctement à plusieurs reprises des murmures dans tout l'appartement. Plus dérangeant que tout fut la fois où la famille horrifiée découvrit ce qui semblait être des empreintes de main très étranges sur le miroir de la salle de bain. « L'une d'elles était énorme, là où les doigts avaient apparemment glissé vers le bas du miroir », dit Meindel. Elle ajoute quelque chose d'encore plus sinistre : « Ma fille, en sortant de la douche ce même jour, avait des bleus sur les bras qui avaient la forme *exacte* des empreintes de doigts sur le miroir. »

Meindel m'expliqua qu'elle avait fidèlement répertorié l'intégralité de cette activité anormale indéniablement angoissante – qui tourmenta la famille pendant des *mois* – dans les pages d'un journal qu'elle eut la prévoyance éclairée et la présence d'esprit d'acheter. Peu après deux heures du matin le 11 février 2009, Meindel rédigea le passage suivant qui illustre clairement le niveau d'extrême étrangeté qui s'était abattu sur eux :

> *Terreur nocturne* : Je suis toujours très secouée par quelque chose qui vient de se passer. Je suis affreusement chamboulée et je ne parviens pas à me rendormir. 01 h 21 sont les derniers chiffres que j'ai vus sur le réveil avant de m'endormir. Tout ce que je peux dire ensuite est que je suis de nouveau éveillée, et je fixe les rideaux de la chambre. Tout à coup, cette violente sensation de picotement a commencé dans mes jambes et est remontée dans ma poitrine puis ma tête, jusqu'à ce que mon corps tout entier soit écrasé ; il y avait beaucoup de pression et un bourdonnement sonore dans mes oreilles. J'essayais désespérément de crier «Adam !» mais n'y parvenais pas. Je me souviens avoir reporté mon regard sur les rideaux et avoir dit à la personne, ou la chose, qui était là : «Je te déteste, espèce de fils de pute ! Je te déteste !» Puis j'ai émergé, ou me suis réveillée. Je suis restée étendue là à me demander si je faisais un début d'attaque ou d'anévrisme. J'ai regardé le réveil de nouveau et il disait 01 h 42. Je suis encore étourdie et confuse et je ne peux pas complètement focaliser mon regard. Mes yeux sont secs et irrités. Je suis terrorisée et je sais que je ne pourrai pas me rendormir cette nuit.

Quelque chose de malin et d'indéfinissable s'est-il manifesté aux premières heures de cette matinée terrifiante ? Et était-ce lié à la sinistre présence des deux men in black ? En se repenchant sur ce qui est arrivé, Meindel a la conviction que c'est *précisément* ce qui s'est passé : « J'ai le sentiment que quand vous enquêtez sur ces choses – les ovnis – ils le savent, et ils savent pour vous. Et la raison pour laquelle je pense ça est que quand nous avons emménagé dans notre nouvelle maison, celle où nous vivons aujourd'hui, je pensais que tout s'arrêterait. Je pensais que ça nous laisserait en paix, parce que nous n'étions plus dans l'ancien appartement où tout était arrivé. Mais le deuxième jour après notre arrivée ici, Adam et moi-même avons vu cette étrange boule de lumière rouge descendre directement sur nous – depuis le ciel, je veux dire – alors que nous étions dehors. C'était comme si quelqu'un, ou quelque chose, disait *Je vous vois.* »

Aujourd'hui, Meindel réfléchit frénétiquement à l'horrible série d'expériences qui a débuté avec les men in black et qui s'est emparée de sa vie pendant une période non négligeable. « Depuis que tout ceci est arrivé, je suis restée à distance des histoires d'ovnis. J'y touche bien encore un peu, mais je ne fais plus vraiment de recherche en profondeur sur le sujet. La peur m'a dissuadée de m'y plonger plus profondément. J'ai reçu le message, et je ne me mêlerai plus des trucs d'ovnis désormais. »

Meindel conclut, d'une manière que beaucoup de victimes malheureuses des MIB reconnaîtront sûrement : « La peur est encore en moi ».

À quelques encablures seulement de la ville d'Albany, état de New York, le cimetière rural d'Albany fut choisi en 1841 pour répondre à des problèmes croissants d'inondation dans les cimetières de la ville elle-même. Le 7 octobre 1844, une inauguration marqua l'ouverture de ce nouveau lieu de repos, un endroit arboré et tranquille qui accueille les dépouilles d'un certain nombre de personnages historiques tels que Chester A. Arthur, le 21e président des États-Unis, un illustre sculpteur du nom d'Erastus Dow Palmer et Daniel Manning, qui fut secrétaire du Trésor sous le président Grover Cleveland.

Également enterré dans le cimetière se trouve un certain Charles Hoy Fort, de qui le célèbre mensuel sur presque tout ce qui a trait au surnaturel, le *Fortean Times*, tient fièrement son nom. Fort, un collectionneur et chroniqueur dévoué d'histoires liées aux ovnis, aux créatures étranges, aux fantômes, aux phénomènes paranormaux et bien plus, rédigea au début du xxe siècle un certain nombre de livres particulièrement révérés qui font état de ses recherches engagées, dont *Lo ! Le nouveau livre des damnés*, *Le livre des damnées* et *Talents insolites*. Il est ainsi justifié qu'un lieu où repose tout ce qui reste de ce célèbre visionnaire du paranormal soit aussi la patrie de toute une variété de phénomènes surnaturels, dont un chien noir spectral, des voitures fantômes et ce qui est supposé être les restes fantomatiques d'un couple d'amants au destin tragique morts il y a quelques décennies, et dont les âmes sont à jamais condamnées à errer parmi les vieilles pierres tombales.

Devant ce remarquable historique de connexions avec toutes choses surnaturelles, les men in black décidèrent en 2009 de participer, avec leur propre apparition dans le cimetière.

« C'est en mai 2009, dit Claudia Cunningham, qu'une amie à moi du nom de Linda, qui est infirmière diplômée au Veteran Memorial Hospital d'Albany, a rencontré les men in black dans le cimetière. Le printemps dernier, elle m'a appelée pour dire : "Je sais que tu t'intéresses à ces trucs et tu sais que je suis dans les planches Ouija et que j'aime aller voir les nécromanciens, mais quelque chose de *vraiment* bizarre est arrivé." Et elle voulait savoir si je pouvais l'aider. »

Cette « chose *vraiment* bizarre » à laquelle faisait référence Linda n'était rien d'autre qu'une rencontre dramatique en plein jour avec les hommes en noir. Cunningham plante la scène de ce qui allait bientôt suivre :

> Le cimetière rural d'Albany est un lieu très imposant. Il est situé sur une colline de trois kilomètres et est rempli de cryptes magnifiques où repose l'aristocratie des premiers colons. Sachant cela, Linda décida d'aller faire une petite visite historique personnelle ; c'était vers 14 heures. Vous poussez le portail principal et traversez une voie de chemin de fer. Puis, au bout d'environ une quinzaine de mètres, vous rencontrez ces grandes portes de fer forgé, qui sont ouvertes pendant la journée. Sur la gauche se trouve un bâtiment circulaire d'allure franchement gothique qui contient le répertoire de toutes les personnes qui sont enterrées là. De l'autre côté se trouve le crématorium. La route tourne à droite dans le cimetière ; c'est une route de macadam noir très large.

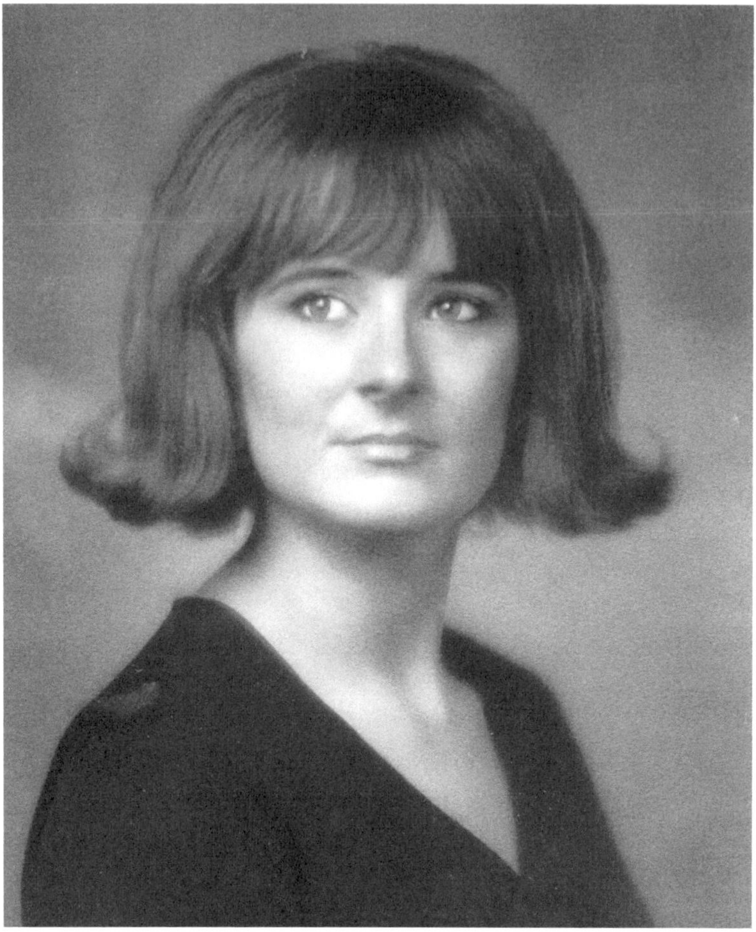

Claudia Cunningham pense que les MIB ont une origine démoniaque.

En arrivant, Linda localisa depuis sa voiture ce qui semblait être un endroit très calme et tranquille pour s'asseoir et se détendre. Malheureusement, il s'avéra être tout le contraire. Lorsqu'elle releva les yeux après les avoir baissés pour retirer les clefs du contact, elle eut le souffle coupé lorsqu'elle vit qu'en à peine une ou deux secondes, un SUV d'aspect militaire s'était garé juste derrière elle. Le véhicule était si proche, dit-elle à Cunningham, qu'elle avait l'impression qu'il était pratiquement sur la banquette arrière de sa voiture. Assez naturellement, la première pensée de Linda fut : *Je vais me faire braquer, ou pire.* Alors elle passa la première et s'écarta très doucement du SUV. « Mais, expliqua Cunningham, le quatre-quatre remonta la colline et ne la suivit pas du tout. Elle regarda dans son rétroviseur et eut l'impression que le SUV descendait une des routes secondaires. »

Linda, expliqua Cunningham, est une Italienne avec du tempérament, et certainement personne n'allait lui jouer de coup en douce. Alors elle décida de faire un peu de boulot de détective et suivit le conducteur du SUV. Mais lorsqu'elle atteignit un grillage qui marquait la fin de la route, le SUV était introuvable ; c'était presque comme s'il avait disparu, littéralement. Pourtant, quand Linda reprit la direction de l'entrée du cimetière, elle fut bonne pour une sacrée surprise : le SUV était de nouveau là, garé en plein milieu de la route. Comme si ce n'était pas déjà assez étrange, elle rencontra ensuite le conducteur du mystérieux véhicule.

Cunningham se souvenait de ce que son amie lui avait dit : « Il y avait un homme, tout en noir, environ 40 ans, cheveux noirs – la panoplie complète – debout du côté conducteur. Linda m'a dit : "Très lentement, je me suis arrêtée, et il a plus ou moins acquiescé." Puis elle a enfoncé l'accélérateur, et elle a jeté un rapide coup d'œil dans le rétro mais il avait disparu – tout d'un coup. Il était là une seconde avant puis plus rien. Il n'avait pas eu le temps de courir ou d'aller où que ce soit.

« C'était suffisant pour me lancer vraiment. Quand je plante mes griffes dans quelque chose, je suis du genre à ne pas pouvoir laisser tomber avant d'avoir la réponse. Ainsi, pendant quelques mois après ça, je ramenais le sujet dans la conversation avec ma mère, mon petit ami ; des gens qui ont l'esprit ouvert vis-à-vis de ce genre de choses. Un jour – j'étais revenue vivre avec ma mère, qui a 95 ans, et je l'emmenais faire les courses tous les jours – j'ai dit à celle-ci : "Allons au centre commercial Delaware", qui se trouve à environ cinq kilomètres de notre maison. »

C'est là que Cunningham passa du statut de quelqu'un qui a juste été assez chanceux pour entendre l'histoire d'une rencontre avec les men in black à celui de participant direct à un tel événement. « Je me suis garée devant un des magasins, dit-elle. C'était une belle journée ; ma fenêtre était baissée et mon chien était dans la voiture. Et sur ma droite se trouvait ce gros SUV noir. J'ai plaisanté avec ma mère : "Hé, c'est peut-être un de ces types que Linda a vus". »

Compte tenu de ce qui s'est passé ensuite, Cunningham n'aurait peut-être pas dû être aussi prompte à prendre la situation à la légère : « Je suis entrée dans le magasin, j'ai fait mes achats et je suis revenue dans la voiture. J'étais sur le point de tourner la clé dans le contact et de rentrer à la maison mais, sorti de juste derrière le SUV, ce petit homme a jeté un œil vers moi par la fenêtre passager de la voiture. Il avait ce chapeau noir – comme celui que portait John Lennon dans les années 1960, la casquette de cuir noir qui a lancé toute une mode – et il avait une chemise trois-quarts noire qu'on aurait dite tout droit sortie du magasin, un pantalon noir et des lunettes de soleil noires. Cet homme a grimpé sur le trottoir – en direction de la boutique – et il a juste baissé ses lunettes d'un centimètre ou deux et a en quelque sorte regardé droit vers moi et souri. » Le sourire, se souvient Cunningham, « était si flippant ». Elle nuance cette description de l'expression faciale de l'individu en expliquant : « Ce n'était pas effrayant, mais c'était comme s'il me disait : "Vous vouliez voir un de ces gars – un man in black – alors me voilà." Donc mon avis sur la question est que vous attirez sur vous tout ce en quoi vous croyez. J'ai toujours voulu une preuve de l'expérience de Linda et c'était comme une confirmation. »

Pour Claudia Cunningham, l'expérience démontrait qu'il y a bien plus dans l'existence que ce que nous avons sous les yeux : « Je *sais* qu'il y a un monde surnaturel. Et pour ce qui est des men in black, je pense qu'ils sont démoniaques. Ils viennent du côté obscur et ils sont là pour semer le trouble. Je pense qu'ils sont là pour exécuter de nombreux méfaits et qu'ils peuvent prendre différentes formes. Ils peuvent apparaître sous la forme d'un fantôme, d'un man in black ou d'un extraterrestre. Ils sont là pour nous détourner de Dieu et nous entraîner dans les régions les plus sombres. »

Elle poursuit sur cette voie : « Je pense que le phénomène des ovnis dans son ensemble est démoniaque et qu'ils nous trompent en nous faisant croire qu'ils sont extraterrestres. Ce n'est que de la poudre aux yeux. Le mensonge fait croire qu'ils sont d'une autre planète et qu'ils sont là pour nous faire taire au sujet des ovnis et des extraterrestres. Non. C'est spirituel. Lorsque les men in black mettent les gens en garde contre les ovnis et les extraterrestres et pourquoi nous ne devrions rien dire au sujet des apparitions, notre esprit se détourne du spirituel. Ils veulent que nous pensions qu'ils sont extraterrestres ; ça aide leur mensonge à propager le mal et à attirer les gens dans le monde occulte ». Les mots d'adieu de Cunningham à mon encontre furent : « Linda a eu elle aussi l'impression qu'ils étaient là pour faire quelque chose de vraiment affreux. Le mot qu'elle a utilisé était *malveillant*. Et c'est aussi ce que je pense : malveillant. »

Avant que nous ne partions vers de nouveaux pâturages – mais toujours des plus noirs par nature, bien sûr – il convient de noter que les cas impliquant les men in black et leurs véhicules apparaissant et disparaissant de manière impossible sont assez prédominants. Par exemple, le Dr Joseph Allen Hynek se vit donner les détails d'une étrange rencontre avec les MIB qui eut lieu dans une petite ville du Minnesota à la fin de l'année 1975 et qui entre fermement dans cette catégorie. Aucun ovni ne fut observé en cette occasion précise, mais un automobiliste fut harcelé sur une portion d'autoroute déserte par le conducteur d'une grande Cadillac noire qui poussa presque l'homme en question dans un fossé adjacent. L'homme outré remit rapidement son véhicule d'aplomb et se lança immédiatement à la poursuite du chauffard, juste pour voir la Cadillac noire décoller dans les airs et, presque littéralement, disparaître le temps d'un battement de cils !

Jenny Randles a enquêté sur une affaire similaire qui s'est déroulée en Grande-Bretagne en août 1981. Dans cet incident précis, le témoin, un certain Jim Wilson, avait vu une lumière non identifiée – mais pas excessivement fantastique – dans le ciel et eut par la suite l'honneur de recevoir la visite d'un duo de personnages en costume présentant furtivement des cartes les identifiant comme étant du ministère de la défense britannique. Les deux individus suggérèrent que l'homme avait simplement vu un satellite russe – Cosmos 408 – *et qu'il devrait oublier toute l'affaire.*

Ç'aurait effectivement dû être la fin de l'histoire si ce n'était que Wilson avait observé que, un certain nombre de fois après la visite, sa maison semblait être sujette à quelque forme de surveillance de la part de deux hommes assis dans une Jaguar noire (qui est le moyen de transport préféré des men in black britanniques). La police fut alertée et, pendant quelques nuits, des contrôles discrets du voisinage furent effectués. Après avoir vu la voiture garée devant la maison de Wilson en plusieurs occasions, puis avoir réussi à jeter un coup d'œil correct à la plaque d'immatriculation – qu'ils furent rapidement en mesure de confirmer comme étant totalement factice – la police se rapprocha prudemment, avec l'intention de s'entretenir avec le duo d'hommes en noir et de découvrir la nature de leur petit jeu. Malheureusement, ils n'en eurent jamais l'occasion. Lorsque deux agents en uniforme s'approchèrent de la voiture et s'apprêtèrent à frapper à la fenêtre, la Jaguar noire s'évanouit dans le néant. Les agents montrèrent une grande réticence à rédiger un quelconque rapport faisant référence à un tel événement !

Tout comme les men in black eux-mêmes, leurs véhicules semblent capables de réaliser des prouesses de disparitions fantomatiques.

CHAPITRE 12

FEMMES EN NOIR (2000)

Jusque-là, tous les dossiers que nous avons passés à la loupe impliquaient des *hommes* en noir. Mais qu'en est-il des *femmes* en noir ? Y a-t-il eu de telles rencontres ? Oui, il y en a eu, bien que leur nombre soit assurément moindre ; peut-être à peine une poignée. Ou il serait peut-être plus juste de dire que les cas *rapportés* impliquant des WIB sont bien moins nombreux que ceux concernant leurs homologues masculins. Quelle que soit la raison, la rareté des rapports n'est pas représentative de leur importance. En effet, comme je l'ai déjà fait remarquer dans ces pages, Albert Bender avait un cousin qui avait reçu la visite d'une woman in black dans sa chambre – bien que les détails soient, il est vrai, limités. Les détails sont toutefois bien moins limités dans le cas bizarre d'un homme nommé Colin Perks, que j'ai rencontré en 2001, avant sa mort en 2009. Il était obnubilé par la découverte du lieu de repos final du légendaire roi Arthur, dont il en vint à croire qu'il se trouvait quelque part dans le voisinage d'une vieille abbaye près de la ville anglaise historique de Glastonbury.

Dans la deuxième moitié de l'année 2000, alors que ses recherches sur les légendes du roi Arthur étaient à leur apogée, Perks reçut un

L'ancienne abbaye de Glastonbury en Angleterre.

étrange coup de téléphone, adroitement formulé, de la part d'une femme qui disait vouloir le rencontrer pour parler de ses études arthuriennes. Perks trouva ceci très perturbant, du fait qu'il n'avait que très peu de famille à qui en parler et que ses collègues comme ses amis n'avaient pas véritablement connaissance de sa passion pour les légendes et la mythologie entourant l'ancien roi. Mais l'interlocutrice énigmatique de Perks *savait* apparemment et le convainquit de la rencontrer – chez lui, qui plus est, non loin de la ville mythique de Glastonbury.

À dix-neuf heures, le soir convenu, il y eut des coups bruyants à la porte d'entrée. En l'ouvrant, Perks se retrouva nez à nez avec ce qu'il décrivit comme la plus belle femme qu'il ait jamais vue de sa vie. Mesurant environ un mètre quatre-vingts, peut-être âgée de 40 ans, une cascade de cheveux noirs tombant sur un visage à la peau d'albâtre, elle portait un costume noir chic d'apparence coûteuse. Elle se présenta comme Miss Sarah Key mais, à tous points de vue, c'était une woman in black. Elle resta debout le temps d'un bref silence, attendant la permission d'entrer. Exactement comme le Dr Herbert Hopkins l'avait fait avec son man in black en 1976, Perks abandonna toute prudence, décida d'inviter la mystérieuse visiteuse chez lui et lui fit signe d'entrer dans le séjour. Lorsqu'ils s'assirent tous deux, la conversation, selon Perks, débuta à peu près ainsi : « M. Perks, plusieurs de mes collègues et moi-même avons suivi vos recherches de près ces quelques dernières années. »

« N'importe quoi, répliqua Perks. Je n'ai rien publié et parlé à presque personne. Si vous saviez quoi que ce soit sur moi, vous sauriez que je garde ça pour moi et que c'est que j'aime. » Néanmoins, Key répondit avec un sourire cruel : « Je *sais* tout sur vous. »

Comme preuve de son affirmation, la femme en noir déballa détail sur détail de la quête de Perks pour trouver les restes du roi Arthur. Key déclara qu'elle était là pour exprimer les préoccupations d'un groupe choisi au sein de l'élite dirigeante britannique qui montrait un intérêt particulier pour certaines facettes des études acharnées de Perks.

L'histoire exposée à Perks était hallucinante. Le lieu de repos du roi Arthur, fut-il prudemment informé, était aussi un portail menant à un univers cruel peuplé de créatures cauchemardesques qui provoqueraient vraisemblablement une catastrophe si elles étaient autorisées à entrer dans notre monde. Ainsi, ouvrir la tombe d'Arthur entraînerait l'ouverture de cette porte terrifiante. Il était donc vital qu'il cesse ses investigations avant qu'un fléau ne soit lâché sur les îles britanniques – et peut-être sur la planète tout entière.

Selon Perks, c'est alors que Key se rapprocha et dit quelque chose dans le genre de : « M. Perks. Vous ne pouvez même pas commencer à comprendre l'énormité de ce qui se dresse devant vous. C'est pourquoi c'est *moi* qui vous rends visite et non… quelqu'un d'autre. Si vous persistez et ne laissez pas tomber cette affaire, ce quelqu'un *viendra* pour vous – croyez-moi. Et *ça*, vous ne le voulez *pas*. »

Key se leva alors et se dirigea vers la porte. Son attitude devint bien plus agréable et, tel que se le rappelle Perks, elle dit quelque chose comme : « C'est tout, M. Perks. Vous avez fait du bon boulot mais ne venez plus farfouiller. Ce que vous êtes sur le point de déterrer est un portail vers un autre monde. Et vous ne tenez pas à savoir ce qui s'y trouve, croyez-moi. Et nous ne voulons pas que vous ouvriez ce portail. Sortez et profitez de la vie et mettez tout ça derrière vous. Si vous persistez, vous *recevrez* un autre visiteur et les choses échapperont alors à notre contrôle. »

Miss Key, une femme en noir définitivement britannique – qui rappelait assez le personnage de Diana Rigg, Emma Peel, dans la série télé d'aventure classique des années 1960 *Chapeau melon et bottes de cuir* – pivota sur ses talons aiguilles noirs et passa la porte tandis que Perks restait debout, interdit, avant de se fondre dans l'obscurité aussi énigmatiquement qu'elle était à l'origine apparue. Malheureusement pour Perks, il ne pouvait mettre un terme à ses études après tant d'années à chercher sans relâche et à essayer de décoder les vieilles légendes sur le roi fabuleux. Ayant pris la décision malavisée d'ignorer le message de la femme en noir, Perks reçut effectivement un autre visiteur – un visiteur bien différent de cette Sarah Key au charme mortel.

Vers 21 heures, un samedi soir début novembre 2000, Perks rentrait chez lui depuis la ville de Bath sur une portion particulièrement longue de route arborée. Étrangement, étant donné qu'il s'agissait d'un soir de week-end en périphérie d'une ville dynamique, Perks déclara n'avoir vu absolument aucune autre voiture sur la route. Mais il a bien vu *quelque chose*. Soudain, il se retrouva en face de ce qui avait l'air d'un homme très imposant debout au milieu de la route, à cheval sur la ligne blanche centrale. Lorsque Perks ralentit à une allure d'escargot, il fut terrifié de voir que l'« homme » n'était rien de tel.

La peau blafarde, il avait des bras et des jambes décharnés et, fixée à son torse, se trouvait une paire d'immenses appendices comme couverts de cuir – des ailes, en d'autres termes – d'une nature distinctement chiroptère. Tandis que les phares du véhicule baignaient l'animal d'un flot de lumière, Perks vit que des os lui sortaient des jambes, qui semblaient presque creuses. Mais plus terrifiant que tout était la tête du monstre : sans cheveux et avec deux oreilles pointues, ses yeux enflammés brûlèrent un trou dans l'âme de Perks. Un rictus malveillant fendit son visage au nez crochu tandis qu'une paire de larges crocs d'apparence létale descendaient d'une gueule béante.

Perks eut la présence d'esprit de ne pas s'arrêter. En fait, il fit tout le contraire : il enfonça l'accélérateur et fonça directement sur la bête. Mais, tel un spectre aux chaînes cliquetantes sorti d'un roman gothique du XIXe siècle, il disparut en un instant. Un Perks secoué rentra chez lui et gagna la sûreté de son lit. Pendant une semaine, tout fut normal. Mais, aux premières heures du jour le 14 novembre 2000, il fut violemment tiré de son sommeil par la vision de la bête démoniaque, cette fois surplombant directement sa silhouette figée par la peur. Elle se pencha soudain en avant, saisit ses poignets et vociféra des mots dont Perks est sûr de se souvenir à cent pour cent : « On vous avait dit que je viendrais ».

Perks comprit, en cet instant terrifiant, que c'était la deuxième visite contre laquelle Sarah Key l'avait prudemment et spécifiquement mis en garde. Alors que Perks fixait la bête, saisi de la plus grande terreur, un message télépathique tonna dans ses oreilles. C'était le même que celui de la woman in black : restez à l'écart de tout ce qui touche à Arthur. Et, à cet instant, la bête disparut soudainement. Et, pour un moment du moins, il en fut de même des recherches de Perks.

Peu de temps après avoir rencontré Perks en 2001, je suis parti m'installer aux États-Unis et n'eus plus jamais l'occasion de parler avec lui en personne. Toutefois, il continua au cours de l'été 2008 à partager discrètement quelques autres pensées sur la question avec d'anciens membres du désormais défunt Staffordshire UFO Group, basé en Grande-Bretagne.

À ce stade, quelque sept années après ma rencontre avec lui, Perks en était arrivé à une conclusion des plus inédites : que Sarah Key et l'horrible monstre étaient, de manière incroyable, une seule et même personne. Key, dans l'esprit de Perks, était un être polymorphe contre-nature, qui avait ingénieusement adopté la forme d'une représentante svelte et sensuelle du gouvernement britannique afin de réduire Perks au silence à l'aide d'un puissant cocktail d'intimidation et de peur. Mais, quand cette approche échoua, elle laissa tomber son masque féminin et se présenta dans toute son horrible gloire. Comme un toxicomane à la recherche de son prochain shoot, Perks ne put pourtant tout simplement pas tourner le dos très longtemps à la quête de la vérité sur les légendes du roi Arthur, et il se replongea finalement dans le frisson de la chasse. C'est-à-dire jusqu'à ce que sa vie soit tragiquement écourtée par une crise cardiaque massive sur la plaine de Salisbury en Angleterre au début du printemps 2009.

Que la mort de Perks fût due à des années de mauvaise hygiène de vie, de stress et de cigarettes – qu'il fumait à la chaîne au cours de mon entrevue avec lui – ou à la main malveillante de la surnaturelle Sarah Key, la femme en noir ultime, nous ne le saurons jamais. Mais ce n'est pas la seule fois que les chemins d'une beauté froide et noire et d'une bête ailée se sont croisés. Dans une affaire célèbre quelques décennies plus tôt, et à l'autre bout du monde, elles furent concrètement fondues en une.

C'était une chaude soirée d'été de 1969 et Earl Morrison, un soldat du corps des marines des États-Unis stationné au Vietnam, était assis avec deux amis sur le toit d'un bunker situé près de Da Nang, une ville portuaire sur la côte de la mer de Chine méridionale, à l'embouchure de la rivière Han. Pour une raison que Morrison et ses amis ne purent jamais vraiment s'expliquer, ils levèrent tous les yeux, presque simultanément et, à leur grand étonnement, virent une étrange silhouette traverser le ciel nocturne – et elle venait dans leur direction.

« Nous avons vu ce qui ressemblait à des ailes, comme celles d'une chauve-souris ; seulement la bête était gigantesque par rapport à ce qu'une chauve-souris normale aurait dû être. Une fois qu'elle fut assez proche pour que nous puissions voir ce que c'était, ça avait l'air d'une femme, une femme nue » (Worley, 1972).

La femme ailée, ajouta Morrison, était d'un noir profond, de la tête aux pieds, mais il semblait y avoir une lueur verdâtre émanant d'elle. Alors qu'elle fondait sur le trio interloqué et les survolait à une hauteur d'à peine quatre mètres, ils pouvaient entendre le battement distinctif des ailes. Trop abasourdis pour faire quoi que ce fût d'autre que rester assis dans un silence stupéfait, Morrison et ses camarades contemplèrent simplement la femme volante pendant trois ou quatre minutes, jusqu'à ce qu'elle disparaisse dans la pénombre du ciel vietnamien.

Cette étrange forme de vie ailée aurait-elle pu être la diabolique Sarah Key, en route pour une mission antérieure, de l'autre côté de la planète, dans le but de réduire au silence quelqu'un qui se rapprochait périlleusement d'une vérité ancienne et sombre qui devait rester cachée à tout prix ? Malheureusement, dans le cas de Sarah comme dans celui de la femme en noir vietnamienne, nous avons plus de questions que de réponses satisfaisantes. Peut-être est-ce exactement ce que veulent les men in black, et les women in black.

Il y a encore un cas impliquant un monstre volant et une femme en noir et, dans ce cas précis, également un homme en noir. Comme pour l'expérience terrifiante de Colin Perks, il date aussi de 2000.

Depuis des années, des histoires sinistres et sensationnelles remontent des basses terres de Porto Rico, parlant d'une créature étrange et mortelle qui hante le paysage jour et nuit, insufflant la terreur dans le cœur de la population. Elle a une paire d'yeux rouges luisants, de puissantes mains semblables à des serres, des dents aiguisées comme des rasoirs, un corps point trop éloigné de celui d'un singe, une rangée de cruels piquants lui courant le long du dos et, parfois, une paire d'ailes chiroptères de la texture du cuir. On dit que la bête se nourrit du sang des animaux locaux – principalement des chèvres – après avoir percé leur jugulaire avec ses deux dents aiguisées. Tout à fait, Porto Rico abrite un monstrueux vampire. Son nom est « Chupacabra », un mot espagnol signifiant « suceur de chèvre ».

Les théories abondent en ce qui concerne la nature de la bête, certains chercheurs et témoins suggérent que le monstre est une sorte de chauve-souris géante ; d'autres préfèrent le concept d'une origine extraterrestre ; l'idée la plus bizarre avancée est celle que le Chupacabra serait la création d'un laboratoire de génétique top-secret au fin fond de la forêt tropicale d'El Yunque, située dans la Sierra de Luquillo, à environ 40 kilomètres au sud-est de la ville de San Juan, à Porto Rico.

Je me suis rendu à plusieurs reprises à Porto Rico pour traquer le vampirique Chubacabra moi-même, et peut-être déterminer un jour sa véritable nature. Une fois en particulier, alors que je traînais sur l'île en 2005 avec le réalisateur canadien Paul Kimball (nous étions là pour tourner un documentaire intitulé *Fields of Fear*), j'eus la chance de rencontrer et d'interviewer un homme du nom d'Antonio, un éleveur de cochons qui vécut une expérience surnaturelle en 2000 qui se solda par une visite vraiment étrange de la part d'un duo woman in black/man in black. Comme me le confia Antonio, une de ses bêtes avait été tuée, une fois la nuit tombée, avec les marques d'incision désormais familières au cou. Dans ce cas, toutefois, l'animal arborait *trois* marques de ce type, plutôt que deux d'habitude. De plus, un certain nombre de lapins élevés sur la propriété avaient été massacrés de la même manière.

Au moment où eut lieu ce carnage, un raffut considérable s'éleva du reste du cheptel d'Antonio. En entendant ça, il se précipita furieusement hors de sa maison une machette à la main et la lança violemment en direction du prédateur en maraude. Étrangement, me dit-il, l'arme sembla rebondir sur quelque chose qui paraissait de nature métallique. En fait, Antonio suggéra que la chose avec laquelle la machette était entrée en contact semblait blindée. À cause des ténèbres envahissantes, toutefois, il n'avait aucune idée de ce que la créature pouvait bien être. Mais *quelque chose* de mortel rôdait à l'évidence autour de la propriété. Cependant, l'aspect le plus déroutant de l'affaire était encore à venir. Exactement : Antonio était sur le point de recevoir une visite d'individus que nous avons rencontrés encore et encore dans ces pages.

Peu après le massacre du cochon et des lapins, un homme et une femme vêtus de la panoplie typique d'allure officielle (un jour d'une chaleur étouffante, qui plus est), qui dirent travailler pour la NASA, arrivèrent à la ferme et entreprirent rapidement de poser à Antonio une pléthore de questions sur ce qui s'était passé, ce qu'il avait vu et la manière dont ses animaux avaient connu ce sort macabre. La conversation terminée, le duo remercia l'éleveur médusé, d'une manière qui était aussi typique des hommes que des femmes en noir – sans une once d'émotions, en d'autres termes – et partirent sans prononcer un mot de plus. Comment le sombre couple savait-il que les attaques avaient eu lieu et pourquoi diable la NASA enverrait-elle du personnel à sa ferme pour enquêter sur elles, Antonio n'en avait aucune idée.

Une chose qu'Antonio m'a dite et qu'il s'était abstenu de communiquer à ses deux mystérieux visiteurs était que le matin qui suivit l'attaque, il avait découvert d'étranges traces de pas sur sa propriété, qui étaient séparées par une certaine distance. Il en vint à penser que quelle que fût la chose qui les avait laissées, elle avait la capacité de sauter sur des distances considérables, d'une manière proche de celle du Kangourou – ou peut-être, songea-t-il, avait-elle la faculté de voler.

Des monstres bondissants ou volants, des hommes et des femmes en noir et des animaux mutilés suggèrent ensemble que quelque chose d'extrêmement étrange était, et est peut-être encore, à l'œuvre sur Porto Rico.

DEUXIÈME PARTIE
LES THÉORIES

CHAPITRE 13

HALLUCINATIONS

Ayant désormais étudié une quantité de données concernant les rencontres de type MIB, les questions les plus importantes sont assurément : Qui – ou que – sont les men in black ? Et quelle est la véritable nature de leur programme surnaturel ? Essayer de répondre à ces questions est une tâche assurément colossale ; toutefois, le voile du secret, du jeu d'ombres et de faux-fuyants qui entoure les MIB peut être pénétré et interprété avec succès – si, bien sûr, nous possédons une vraie connaissance des domaines étranges dans lesquels il convient d'aller fouiner.

Pour avoir ne serait-ce qu'un espoir de comprendre la complexité du phénomène men in black, nous devons d'abord jeter un regard approfondi sur la légende des « trois hommes » des MIB. En vous basant sur ce que vous avez lu jusqu'ici, vous seriez pardonnés de supposer que ce trio fait référence aux sinistres âmes qui ont si souvent émergé de lieux inconnus pour menacer, intimider et réduire au silence ceux qui, par accident ou à dessein, osent entrer sur le terrain de jeu de l'ufologie. Mais les trois hommes auxquels je pense ne sont pas nos mystérieux visiteurs. Non, il s'agit d'un trio d'autres personnages, bien différents. Et de bien des manières, ils sont encore plus mystérieux et légendaires que les men in black eux-mêmes. En effet, sans ces trois hommes, les phénomènes de MIB n'existeraient simplement pas – ou, du moins, ils n'existeraient pas sous la forme et le motif par lesquels ils sont aujourd'hui si promptement identifiés. Les trois hommes auxquels je fais référence sont – si vous ne l'avez pas encore tout à fait deviné – Albert Bender, Gray Barker et John Keel.

Ce n'est qu'en essayant de comprendre le fonctionnement interne de ce groupe d'extraordinaires tisseurs d'histoires que nous pouvons donner ne serait-ce qu'un peu de sens aux men in black. Et pour ce faire, il est essentiel que nous examinions les pensées, les idées, les conclusions et les souvenirs de diverses figures clés de l'ufologie qui ont rencontré, connu ou correspondu avec ce trio, qui ont étudié en profondeur leur vie, leurs expériences et leur carrière. Nous commencerons, comme il se doit, par Albert Bender.

De nombreux étudiants en ufologie sont prompts à rejeter l'histoire de Bender, sans aucune arrière-pensée, en particulier la fable certes difficile à avaler de son périple endiablé en Antarctique et ses prétentions quant au fait qu'on lui aurait confié la vérité supposée sur les phénomènes d'ovnis. Jerome Clark, un des penseurs les plus érudits et les plus éclairés de l'ufologie déclare : « *Flying Saucers and the Three Men* est, à l'évidence, un mauvais roman de science-fiction. Bender, j'en suis sûr, l'a écrit pour se débarrasser des mordus des soucoupes. Même Barker fut, en privé, déçu par le manuscrit, comme il me l'a confié quelques années après la publication. »

Néanmoins, Clark ne relègue pas *totalement* Bender au rang de personnage sans conséquence enclin aux fantasmes. Comme il a été fait remarquer plus tôt dans les pages de ce livre, Clark donne du crédit à la possibilité que Bender ait reçu la visite, en 1953, d'agents du FBI. Il poursuit, au gré d'une réflexion similaire :

> Il y a un certain fondement, peu importe à quel point exagéré, dans *Ils en savaient trop sur les soucoupes volantes*. Quelque chose a effrayé Bender, et dans une certaine mesure ce quelque chose a intrigué Gray Barker, qui n'était pas aussi

> cynique au début des années 1950 qu'il ne l'est devenu aujourd'hui. Toutefois, ses pensées privées jouaient les girouettes, et certaines ont été préservées dans sa correspondance. Il savait que Bender était d'une nature peureuse, paranoïaque et - au-delà de ça - aimait que les gens lui prêtent attention. Ces considérations amenèrent Barker à se demander si Bender n'avait pas développé un authentique petit incident en quelque chose d'extraordinaire et de mélodramatique. D'autres fois, Barker se demandait si un événement vraiment inhabituel n'était pas réellement arrivé. Bien sûr les doutes qu'il entretenait ne furent pas mentionnés dans son livre captivant.

Jim Moseley, le plus proche ami de Gray Barker jusqu'à la mort de ce dernier, dit de Bender : « Je crois que cette histoire était juste idiote et naïve et je ne sais pas comment quiconque aurait pu y croire. Je n'y ai jamais cru. Je pense que Barker y a cru un moment et a fini par comprendre que c'était absurde. Je crois que Bender voulait faire sa sortie dans un nuage de gloire, ce qui est mieux que de s'en aller discrètement et lentement. Il n'y avait rien d'original ou de précis dans tout ce qu'il a dit. Cette histoire au sujet de l'Antarctique était juste ridicule. Je crois qu'il s'est vite lassé ou découragé des soucoupes volantes et qu'il voulait partir dans une explosion plutôt que dans un murmure. Il a juste décidé de rendre son tablier. »

Mais est-ce réellement tout ce qu'il y a ? Peut-être pas. Voici où les choses deviennent opaques – et controversées.

Jerome Clark pourrait avoir vu juste avec sa suspicion que Bender aurait *réellement* été interrogé par des agents du FBI au début des années 1950 – potentiellement à la suite des recommandations de 1953 du panel Robertson de la CIA – et transformé par la suite ce qui avait dû être une rencontre assez traumatisante avec un trio d'hommes de main du gouvernement en une fable complexe sur la visite bien plus angoissante de trois hommes en noir d'apparence extraterrestre. Mais d'autres aspects de l'histoire de Bender exigent un examen minutieux, et suggèrent qu'il y aurait pu y avoir bien plus à l'œuvre dans ce grenier obscur il y a toutes ces années.

Nous devons commencer par l'état de santé de Bender – physique et psychologique. Comme je l'ai fait remarquer, l'homme était une personnalité d'une complexité quasi-infinie. Obsessionnel-compulsif mortellement effrayé par le cancer, intensément engagé dans des questions occultes et passant la majeure partie de son temps à traîner dans le grenier faiblement éclairé de son beau-père, Bender était loin d'être ce que la plupart des gens décrivent comme normal. Ça ne veut pas dire pour autant que Bender était incapable d'exister dans le monde réel ; il l'était assurément. Il exerçait un travail régulier à l'Acme Shear Company, aujourd'hui connue comme l'Acme United Corporation. Il fonda un groupe de recherche sur les ovnis qui connut un succès phénoménal – même s'il n'était pas destiné à durer très longtemps – et rédigea aussi un livre : *Flying Saucers and the Three Men*. Et franchement, qui parmi nous peut se permettre de définir ce que c'est qu'est la normalité ?

Comme je l'ai noté tôt dans les pages de ce livre, Bender était accablé par des migraines obsédantes, souffrait d'accès de vertige et d'étourdissements extrêmes, était constamment dérangé par des odeurs de soufre dans son environnement immédiat et était souvent contraint de s'allonger sur le lit du grenier quand les crises de migraine, les odeurs et les vertiges l'assaillaient – ce sur quoi, soit il s'endormait, soit il entrait dans ce qui était clairement un état de perception modifié, et les men in black envahissaient alors, et pénétraient, son intimité et son sommeil. Pour ceux qui pourraient douter que Bender était enclin à plonger dans un état d'esprit et de conscience étrange, considérons les mots de l'intéressé lui-même : « Souvent, j'avais l'impression de dériver comme si un nuage me portait dans les profondeurs noires comme l'encre et infinies de l'espace » (Bender, 1962).

Bon nombre des symptômes qui affectaient Bender sont facilement explicables par quelque chose de bien plus terre à terre que les men in black : l'épilepsie, une affection qui provoque des attaques et qui résulte d'une activité neuronale synchronisée excessive. L'épilepsie est quelque peu à part dans la mesure où il existe quelque 40 variétés différentes, qui présentent des symptômes et des modes de traitement divers. Peut-être pertinent dans le cas Bender, il y a le phénomène d'« épilepsie partielle élémentaire » – aussi connue comme l'épilepsie jacksonienne – qui peut se solder pour le sujet par des expériences d'hallucinations légères à modérées, de confusion et de peur, d'étourdissements mais sans véritable perte de connaissance, de ressenti de fortes odeurs imaginaires dans son environnement immédiat. Certains de ceux affectés par de telles crises ont fait état d'odeurs ressemblant à du pneu brûlé ou à du soufre – *exactement* comme Bender. Cette affection est connue comme la phantosmia et se définit par la présence d'une odeur qui n'a pas de point d'origine extérieur réel. Les effets des crises peuvent aussi comprendre l'impression de quitter son corps physique, ce qui pourrait ne pas être si différent des expériences répétées de Bender avec des voyages dans les profondeurs couleur d'encre et infinies de l'espace, comme il l'a joliment formulé.

Que Bender fût affecté à un niveau extrême par des migraines est également un facteur important de l'histoire : environ quinze pour cent des épileptiques font état de migraines. Et parmi les effets secondaires les plus curieux des migraines se trouvent : la perception de lumières flottantes dans le champ de vision immédiat, d'odeurs étranges et prenantes, et de distorsions dans la taille et la forme des objets. Ce dernier point rappelle que dans une de ses rencontres les plus significatives dans le grenier, en plus d'avoir été submergé par une odeur de soufre, Bender vit dans la pièce « un grand objet de forme indéfinissable » (Bender, 1962) – ce qui ressemble grandement à une distorsion de la perception provoquée par une migraine.

Mais qu'en est-il de l'étrange activité spirituelle que Bender a rapportée ? Assurément, ceci ne peut être mis sur le compte de quelque chose d'aussi trivial que l'épilepsie, non ? Peut-être que si : en 1958, un parapsychologue du nom de William Roll introduisit le terme de *psychokinésie spontanée récurrente* ou RSPK. Roll en vint à croire que les décharges neuronales répétées entraînant des symptômes épileptiques pourraient également provoquer la RSPK, qui pourrait à son tour conduire le patient à générer involontairement une activité spirituelle dans son environnement immédiat. Roll défendit ses recherches et ses théories controversées en déclarant avoir examiné le cas de 92 individus avec des RSPK soupçonnées, dont plus de vingt avaient des symptômes suggérant fortement une épilepsie.

Si les odeurs sulfurées désarmantes, les activités spirituelles, les hallucinations intenses, les sensations de terreur et de confusion, l'impression de séparation corporelle, les vertiges et les étourdissements dont Bender faisait l'expérience *étaient* tous déclenchés par une affection cérébrale non diagnostiquée, alors comment expliquer l'histoire de son voyage supposé en Antarctique ? S'il ne s'agissait pas simplement d'une pure fabrication, une fable aussi alambiquée et tortueuse exigerait clairement que le sujet hallucine à un point qui dépasserait nettement ce qu'on pourrait attendre d'une personne souffrant d'épilepsie ou d'une autre affection. Pourtant, certains aspects de l'histoire de Bender pourraient être nés de l'extrême complexité de son propre subconscient. En fait, il existe de très bonnes raisons de croire que c'est *précisément* de là qu'ils provenaient.

Bender – qui apparaît dans le meilleur des cas comme un personnage solitaire – ne fit jamais mention d'une quelconque petite amie entre le milieu et la fin des années 1940, et même à l'aube des années 1950, alors que ses vingt ans étaient désormais presque derrière lui. Il fit seul toutes les virées au cinéma de Bridgeport décrites – même les samedis soirs insouciants où il aurait clairement pu se laisser aller avec une fille ou deux. Bender mentionna bien une fois avoir organisé une fête dans le grenier avec un groupe de collègues amis et déclara que, lorsqu'elles virent sa chambre des horreurs, « les filles présentes à la fête semblèrent assez choquées [...] et se rapprochèrent de leur cavalier » (Bender, 1962). Nous pouvons peut-être déduire beaucoup du fait que nulle part dans cette histoire Bender ne fait une quelconque référence à *sa* cavalière.

Pour un homme d'une vingtaine d'années, s'approchant de la trentaine à l'époque où il se plongea sérieusement dans le domaine de l'ufologie, ne pas avoir de petite amie, ou de femme, pourrait sembler fortement étrange à beaucoup. Assurément, ce n'aurait pas été une situation saine pour Bender, physiquement ou mentalement, de rester assis seul dans un grenier sombre les soirs de semaine et dans un cinéma obscur les soirs de week-end. De fait, l'énergie sexuelle réprimée peut faire des ravages sur le bien-être mental et physique d'un individu. Non seulement cela, mais un tel refoulement peut se manifester au niveau subconscient de manière surprenante et violente.

Dans les pages de son livre de 1962, *Flying Saucers and the Three Men*, Bender révèle les détails d'un incident de 1953 faisant suite à sa décision de fermer le Bureau international des soucoupes volantes, qui ne peut pas être considéré comme grand-chose d'autre que du porno soft. Comme d'habitude, sa rencontre débuta par l'odeur de soufre et, comme de juste, ses trois men in black firent rapidement leur apparition pour emmener de nouveau Bender en Antarctique. Mais cette fois, l'expérience fut bien plus agréable et bien plus gratifiante : trois poulettes de l'espace torrides en tenue blanche moulante retirèrent chaque maille des vêtements de Bender, le laissant aussi nu qu'au jour de sa naissance. Les étonnamment serviables créatures venues des étoiles se mirent alors à masser Bender à l'aide d'une sorte de liquide dermo-chauffant sur chaque partie de son corps… sans exception.

Les extraterrestres rassurèrent ensuite Bender en lui signifiant que ce n'était que pour son propre bien. En effet, ils affirmèrent que le liquide lui « rendrait la vie meilleure. Il y a une terrifiante maladie sur ta planète que tout le monde craint, et tu n'auras plus à t'en préoccuper une fois que tu auras reçu ce traitement » (Bender, 1962). La logique voudrait évidemment que la terrifiante maladie que tout le monde craint soit le cancer. Et, rappelons-nous que Bender avait, *longtemps* avant le début de ces expériences avec les ovnis, une peur totalement irrationnelle de développer un cancer, qui s'accordait facilement avec l'état d'esprit illogique de l'hypocondriaque classique.

Ce que tout ceci nous dit au sujet de Bender est qu'il avait réprimé des fantasmes sexuels avec un trio de filles de l'espace voluptueuses, une terreur de développer un cancer – adéquatement minimisée par la promesse d'extraterrestres qu'il serait désormais *à jamais* immunisé – et des angoisses durables quant à la visite d'agents du FBI dotés de Borsalinos ou Homburg noirs. Ces inquiétudes internes entrèrent alors en collision de manière chaotique, débordèrent logiquement du subconscient de Bender et se déversèrent directement au cœur d'un état second né d'une affection cérébrale non diagnostiquée – d'où les odeurs sulfurées, les étranges sensations de sortie du corps et les blancs qui accompagnaient des parties entières de l'histoire. Souvenons-nous aussi que Bender avait un cousin qui, des années plus tôt, était censé avoir reçu la visite d'une femme en noir. Nous ne pouvons écarter la possibilité que Bender (qui était bien au courant de l'histoire) ajoutât inconsciemment des aspects de *cette* affaire à la sienne. Ainsi donc, résultant de cette curieuse et peut-être même unique succession d'événements, sont nés les men in black.

Greg Bishop suggère également que Bender aurait pu fabriquer intégralement ces expériences – bien que certainement pas dans un état d'esprit délibérément trompeur et mensonger :

> Je pense que, peut-être, parce que Bender était tellement impliqué dans l'occulte, ceci a joué sur son subconscient et qu'il a vécu l'expérience dans une sorte d'état hypnagogique de rêve éveillé. Pour moi, ça a plus de sens que des entités maléfiques entrant dans sa pièce. Je pense que l'interaction entre notre esprit et les phénomènes d'ovnis est bien plus importante que ce que les gens supposent. Et, s'il y avait bien quelque chose là-bas, alors les prédispositions de Bender, à cause de son passif dans l'occulte et l'horreur, lui auraient fait vivre une expérience négative avec ce qui était apparu, quoi que ce fût. Bender pourrait avoir vécu une sorte d'expérience réelle, mais aurait été enclin au fantasme au point d'halluciner. On est plus proche d'un personnage de Walter Mitty autour duquel le monde tourne et c'est excitant.

La théorie de Bishop selon laquelle certaines des expériences de Bender auraient pu être hypnagogiques est intéressante. *Hypnagogie* est un terme qui décrit l'étape entre l'éveil et le sommeil – une étape dans le processus d'endormissement qui peut être dominée par une grande variété d'expériences sensorielles. Par exemple, les personnes plongées dans un état hypnagogique ont rapporté avoir entendu des voix allant de murmures à peine audibles à des cris furieux. Certaines ont entendu des pans de discours décousus – majoritairement dénués de sens, mais contenant parfois des noms fictifs inhabituels – et d'autres ont vu des têtes désincarnées, ou ce qui semblait être des entités complètement formées dans leur chambre. Tout ceci caractérise l'expérience de Bender. Des ronronnements, des grondements, des sifflements, des vrombissements et des bourdonnements sont également souvent mentionnés par les gens vivant des expériences hypnagogiques.

Enfin, qu'elles soient dues à l'hypnagogie, à l'épilepsie, ou à une autre affection, toutes les preuves indiquent que les rencontres de Bender sont assurément fabriquées. Si de nouvelles preuves étaient nécessaires pour appuyer cette théorie, nous les avons. Début 1954, Bender rencontra Betty, la femme de ses rêves, et ils se marièrent le 18 octobre de la même année. Personne ne sera surpris d'apprendre qu'à partir de cette date, les torrides filles des étoiles dirent discrètement adieu à Bender, tout comme les men in black.

L'affirmation la plus significative sur ce point provient de Gray Barker qui, en 1980, dit au chercheur et auteur Jerome Clark, bien après que l'histoire de Bender fût devenue une part de l'histoire de l'ufologie : « Si j'avais été là dans son grenier alors qu'il était en "Antarctique", peut-être que je l'aurais vu étendu en transe dans son lit » (Randles, 1997).

Apprenons-en maintenant plus sur les deux autres personnages qui participèrent tout autant qu'Albert Bender à la naissance et au développement de la légende des men in black : Gray Barker et John Keel.

CHAPITRE 14

CANULARS

Bien que l'histoire des men in black fût assurément celle d'Albert Bender, elle n'aurait certainement *jamais* acquis ce statut de légende s'il n'y avait eu Gray Barker. Après tout, ce fut son livre de 1956, *Ils en savaient trop sur les soucoupes volantes*, qui assura vraiment une publicité à grande échelle à la saga – dans la communauté de recherche en ufologie et au-delà. Souvenons-nous également que J. Edgar Hoover lui-même – le big boss du FBI – se sentit obligé de se procurer un exemplaire du livre en 1958. Et ce fut Barker qui publia l'ouvrage de Bender, *Flying Saucers and the Three Men*, en 1962. Barker était donc tout aussi important que Bender dans le développement du mystère MIB – et, pour ce qui est de donner à l'histoire une grande visibilité publique, sans nul doute encore plus. De surcroît, les mots écrits par Barker eurent un impact profond sur certains de ces individus attirés par les phénomènes d'ovnis en général et par les men in black en particulier, comme Timothy Green Beckley qui déclare : « Mon implication avec les hommes en noir a débuté alors que j'étais en cours élémentaire. Je devais faire une fiche de lecture et la plupart des gamins choisirent probablement quelque chose comme *Le conte de deux cités* ou un livre

L'expert en ovnis Greg Bishop avec John Keel, auteur du livre à succès La prophétie des ombres.

des *Frères Hardy*. J'ai choisi l'ouvrage de Barker, *Ils en savaient trop sur les soucoupes volantes*. J'ai eu un B+ pour ma fiche. J'étais fasciné par le livre et par les méthodes de bâillonnement des MIB. C'était très sinistre pour moi, et il m'a toujours fait grande impression. »

En ce qui concerne John Keel, Beckley dit : « J'ai rencontré John pour la première fois lors d'une des réunions de Jim Moseley. Jim avait l'habitude de tenir des réunions ici à Manhattan à l'hôtel Woodstock ou à l'hôtel Iroquois. Certaines de ces séances attiraient un petit nombre de personnes – douze ou treize – et parfois jusqu'à 200 ou 300. Keel s'est pointé un soir, et puis Mary Hyre, la journaliste de Point Pleasant qui avait vu les men in black, a débarqué. Nous étions dans le milieu des années 1960 et il s'avéra que John vivait dans mon quartier. » Comme les deux hommes étaient des oiseaux de nuit, le jeune Beckley se rendait souvent à l'appartement de John Keel tard la nuit et traînait là-bas, écoutant Keel le divertir avec des histoires fantastiques sur ce qui était arrivé en Virginie occidentale avec les étranges coups de téléphone, les hommes en noir et les apparitions de l'Homme papillon. Keel me raconta comment on l'avait un jour poussé hors de la route et suivi. « Au début, je pensais : *Ce gars a vraiment un sacré sens de l'imagination et il essaye juste de me divertir.* Mais plus je me plongeais dans le truc des men in black, plus je réalisais qu'il était vraiment sincère à propos de tout ça. »

Allen Greenfield, qui photographia un man in black en 1969, a une information cruciale à partager qui touche au cœur de la nature de Barker et Keel, qu'il décrit comme étant, quand bien même de manière différente, « deux des êtres humains les plus complexes que j'aie jamais rencontrés. Et j'ai beaucoup voyagé et rencontré un tas de gens bizarres. Qu'ils aient couvert certaines parties du même domaine ne devrait inciter personne à penser qu'ils devraient être considérés de manière identique. Ils ne doivent absolument pas. »

Greenfield développe cette affirmation à propos de Keel : « C'était un journaliste. Bon, c'était un journaliste du sensationnel ; il écrivait dcs histoires du type *J'ai trouvé l'Île aux Femmes Affamées* pour les magazines masculins de l'époque. C'est le genre dans lequel il a travaillé très longtemps. » Par exemple, en 1966 – alors que les recherches paranormales de Keel battaient leur plein – il publia un livre intitulé *The Fickle Finger of Fate*, une fiction débridée très divertissante qui serait idéalement décrite comme une rencontre entre *Batman* et un film de Russ Meyer, plein de filles nues, de super-méchants fourbes, avec un super-héros du nom de Satyr-Man. Greenfield observe aussi : « Il y avait, si on peut dire, une licence poétique certaine dans l'écriture de Keel. Mais c'était un individu absolument fascinant avec lequel s'asseoir et discuter, et il avait une voix envoûtante. Je ne le décrirais pas comme un ami ; il me filait en fait les jetons. S'il avait mis un costume noir et était venu frapper à ma porte, j'aurais certainement pensé : *C'est un des men in black.* »

Peut-être que même Keel reconnaissait que dans les bonnes circonstances, il pouvait très bien passer pour un méchant man in black lui-même : dans les pages d'ouverture de *La prophétie des ombres*, par exemple, il raconte comment, lors d'un voyage de recherche en Virginie occidentale en novembre 1967, alors habillé entièrement en noir, il fut par erreur pris pour une entité démoniaque par un couple qu'il fut forcé de réveiller pour leur demander de l'aide aux petites heures d'une matinée orageuse après que sa voiture fut tombée en panne près de chez eux.

Greenfield fait une distinction importante entre Keel et Barker concernant l'approche de leurs enquêtes respectives sur les mêmes affaires de men in black : « Keel avait bien mieux les faits que Barker sur les dossiers qu'ils étudiaient tous les deux. Mais Keel était plus crédule, et aussi plus facilement dupé, parce que, en un sens, il était en dehors de tout ça. Ce n'était pas un ufologue ; c'était un observateur de l'ufologie. Et c'est deux choses *bien* différentes. »

Quant à Barker, Greenfield propose les mots suivants, qui donnent à réfléchir :

> Barker faisait partie du phénomène – c'est ce qui échappe à un tas de gens lorsqu'ils demandent : « Versait-il dans le canular ?». Oui, il versait *parfois* dans le canular. Était-il un escroc ? Non, absolument pas ; ce n'était *pas* un escroc. C'était un conteur de fables populaires, mais qui pouvaient également être vraies. Et connaître Gray revenait à connaître le phénomène. Il parlait de réalités, mais il en parlait sous la forme d'histoires. C'était la culture dans laquelle il vivait.

Demander si Gray Barker était une personne fiable et honnête revient à demander si Homère était un historien. C'est une non-question ; c'est se méprendre complètement sur ce dont il s'agit. Gray faisait autant partie du phénomène que les soucoupes volantes de Kenneth Arnold. Ce n'était pas du documentaire ; il racontait l'histoire et n'essayait pas de proposer une explication pseudo-scientifique. Et il pouvait glisser dans la parabole et la métaphore, qui reflétaient plus la vérité qu'une simple récitation des faits ne le ferait jamais. Tout ceci fait partie de l'art d'interpréter Gray Barker.

Démontrant parfaitement que l'implication de Barker dans l'ufologie allait bien au-delà de la simple chronique de faits concrets,

Jim Moseley admet : « Barker et moi avions monté un ou deux canulars avec des ovnis et, je crois, Barker a piégé Keel une ou deux fois dans l'affaire de Point Pleasant. Le truc marrant c'est que Keel *appréciait* Barker mais qu'il me *détestait*. Mais Barker et moi, nous étions plutôt dans le même camp et bons amis. »

Moseley révèle les détails d'une combine cosmique de ce genre : « Il y eut un canular pour lequel Barker et moi avons filmé un ovni, une séquence de 30 ou 40 secondes que j'utilisais lors de mes conférences quand je faisais la tournée des facs. Ce n'était en réalité qu'une petite soucoupe en plastique accrochée derrière la fenêtre de la voiture. Je conduisais, Barker la faisait pendre par la fenêtre et un troisième gars, un ami à lui, était sur le toit de la voiture et la filmait. Et vous aviez tous ces mouvements différents qui avaient l'air plutôt réalistes. Ce devait être aux alentours de 1966. »

Incidents d'ovnis factices mis à part, Moseley souligne que, pour autant que sa production écrite fût concernée, Barker n'était pas un charlatan, mais il avait son propre style, unique, pour raconter une histoire et qui perdait ou troublait certains de ses lecteurs : « Ces affaires au sujet desquelles il a écrit ont réellement eu lieu, mais elles ont été mal interprétées, parfois délibérément par Gray lui-même, afin d'en faire une bonne histoire. Mais c'est tout. Gray était capable de raconter une histoire géniale en se servant de son imagination, mais *toujours* basée sur les faits. La vérité se trouve dans ses récits, mais c'est sa manière de la présenter, en tant qu'histoires, que les gens ne saisissent pas toujours. »

Greg Bishop, qui correspondit avec Keel et le rencontra à New York en 2001, se fait l'écho de Moseley et Greenfield quand il s'agit de comprendre et disséquer la nature de Barker : « Il est évident, quand vous parlez avec Moseley et que vous regardez certains écrits de Barker, qu'il faisait preuve d'un intérêt sincère pour l'ufologie, et qu'il pensait que c'était un vrai mystère. Il était aussi enclin à modeler les faits. Mais ça ne veut pas dire qu'il n'y avait rien à tirer de l'histoire de Bender. C'est la genèse de toute l'affaire men in black. C'est l'archétype de l'histoire MIB – celle qui est liée aux ovnis dans la deuxième moitié du XXe siècle. Barker, à travers l'histoire de Bender, a créé cette mythologie. »

Quant à décortiquer le cas de Keel, Bishop dit : « Son influence est incroyablement énorme et cette influence, je crois, réside principalement dans ses idées, qui furent étayées par des années et des années de discussions concrètes avec les gens. Ceci dit, Keel – comme Barker – n'était pas à l'abri de modeler certains faits, ou même d'en inventer. Mais ça ne me dérange pas parce que ce sont ses *idées* qui comptent : prendre les gens, les secouer et les pousser dans une nouvelle direction par la seule force de son écriture et de ses histoires. »

Bishop propose la conclusion suivante au sujet de Keel : « Un auteur d'œuvres non fictionnelles peut aussi être un excellent conteur, et Keel était au sommet de son talent en la matière. C'était un gonzo-fortien, un escroc, et il le savait. Mais il ne plaisantait pas – son remodelage des faits avait un but : il faisait ce qu'il avait à faire pour communiquer un message et une théorie en lesquels il croyait totalement. »

Jerome Clark avait sa propre approche de Barker et Keel :

> Barker a commencé sérieusement, mais il a assez vite compris qu'il n'allait jamais résoudre le mystère et qu'il pouvait donc tout aussi bien s'amuser, d'où l'exploitation et même les canulars purs et durs. Seul lui savait ce en quoi il croyait vraiment. Dans mes conversations avec lui, j'avais le sentiment que ses opinions n'étaient pas si différentes de celles de John Keel, excepté que, contrairement à ce dernier, il ne ressentait nullement le besoin d'y réfléchir avec une quelconque application. Et oui, c'était un conteur magnifique.

Quant à Keel – je le sais, parce qu'il m'envoyait des rapports de terrain à la fin des années 1960 –, je crois qu'il est tombé sur d'authentiques bizarreries et qu'il les a généralement rapportées avec exactitude. Comme vous le savez, ce n'est pas difficile de trouver du bizarre si vous en recherchez. Malheureusement, Keel s'évertuait à appliquer ses interprétations démentes à toutes ses informations. Il avait un esprit moyenâgeux et, encore pire, il était dingue. Dans ses meilleurs moments, la contribution de Keel à l'ufologie et à l'étude des anomalies était indéniablement hétérogène. Fondamentalement, c'était l'exemple parfait du fanatique. Je suis sûr, par exemple, que Barker lui faisait des farces téléphoniques, et peut-être aussi d'autres canulars. Ce n'était pas parce que Barker était du genre *Walter Mitty*, pourtant. C'était un excentrique qui adorait jouer des tours à quiconque était réceptif, et Dieu sait que Keel était réceptif. Sa paranoïa le rendait assez crédule.

L'autorité reconnue en matière de paranormal Brad Steiger est une autre personne à avoir rencontré Keel alors que l'activité MIB était à son apogée dans les années 1960. Ses mots aident à éclaircir la raison pour laquelle Keel était tellement intrigué par le mystère des men in black : « Un jour en 1966, [alors que] j'étais à New York pour travailler sur mon livre *Valentino*, j'ai rendu visite à Ivan T. Sanderson, dans sa ferme du New Jersey, et ensuite j'ai appelé John Keel qui m'avait dit de lui passer un coup de fil quand je serais en ville. Il m'a emmené dans mon premier restaurant chinois et nous avons passé une soirée merveilleuse. Puis nous sommes retournés à son appartement et il a commencé à transformer ma réalité quand il s'est mis à me raconter des histoires à propos de ses recherches sur l'Homme papillon et de ses rencontres avec les men in black. »

Et c'est là que les choses devinrent très, très étranges. La voix descendant toujours plus dans les graves, lentement mais distinctement, Steiger me dit : « Je n'ai *jamais* mis ça dans *aucun* de mes livres, et je me sens un peu mal à l'aise mais, d'un autre côté, ce que je suis sur le point de vous dire est vraiment arrivé. John était un gars assez imposant et je ne pouvais imaginer comment qui que ce soit pourrait lui faire peur ; et à cette époque j'avais 30 ans, j'étais en pleine forme, je soulevais 250 kg en développé-couché. J'étais genre : "Qu'ils viennent ! Je n'ai pas peur des men in black !" Puis, il s'est mis à me parler des visites que lui avaient rendues trois hommes qui n'avaient pas frappé à la porte, mais étaient entrés dans son appartement. Ils étaient littéralement passés *à travers* la porte. Il me parla d'un soir où ils le mirent au défi de lâcher tout le truc de l'Homme papillon ; de lâcher les ovnis, s'il savait ce qui était bon pour lui. »

Ayant entendu cet aspect incroyable de l'histoire – qui fait étonnamment penser à l'expérience de Bender avec les trois MIB qui s'étaient matérialisés dans son grenier – vous pourriez penser : *Est-ce que ça pourrait être plus étrange encore ?* Eh bien oui, c'est possible, et ça le fut assurément. Revenons-en à Steiger :

> John était le genre de personne qui répondait aux menaces comme un taureau au drap rouge. Mais il me dit que, cette fois-là, [les MIB] passèrent la main sous son évier et sortirent un pot de Clorox. Ils ont demandé « Qu'est-ce que c'est ? » et John a répondu « Du désinfectant, c'est très puissant ». Ils le lui ont apporté, ont retiré le bouchon et le lui ont fait sentir. John plissa le nez et lorsqu'ils lui demandèrent si c'était du Clorox, il dit : « Oui, c'en est. Maintenant, remettez-le en place avant de le renverser ». Ce sur quoi - devant lui - ils le portèrent tous les trois à leurs lèvres, chacun leur tour, et prirent de longues gorgées. Eh bien, à la fin de cette soirée, quand John eut fini de me raconter des histoires de ce genre, je décrétai que je ne serais peut-être pas aussi courageux et aussi fort. J'ai commencé à me dire : *C'est pas d'agents du FBI ou de l'Air Force dont nous parlons.*

Viennent ensuite les mots mémorables de Colin Bennett, un témoin direct d'un man in black au début des années 1980 : « Barker pourrait en effet avoir lui-même écrit des épisodes de l'histoire supposée des ovnis juste pour entretenir la légende, ou lui donner un coup de fouet lorsqu'elle s'essoufflait. Mais les sceptiques, la bave aux lèvres, devraient être avertis que ce n'est pas une preuve de leurs affirmations quant à la fausseté de toute l'expérience ufologique. Ceux qui nourrissent l'histoire pourraient remplir précisément le rôle de relais : non seulement vont-ils raconter l'histoire, mais ils vont l'augmenter, ajoutant leurs propres épisodes afin d'essayer d'initier un changement et un développement mythologique [...] Une telle stratégie mimétique fonctionne sur le principe reconnu qui veut que quand nous *imaginons*, nous créons une forme de vie. »

Ce que nous pouvons affirmer en combinant les mots de Greenfield, Beckley, Steiger, Moseley, Bishop, Bennett et Clark est qu'il convient d'être prudent dans l'interprétation des textes publiés par Barker et Keel. Et il faut aussi noter que l'incroyable duo n'avait aucun scrupule à transformer une assez bonne histoire en un récit évocateur et gothique – une journée lumineuse et ensoleillée devient la nuit sombre et orageuse typique. Ils ne faisaient toutefois pas que concocter des histoires à partir de leur imagination respective. Ils rapportaient plutôt des vérités fantastiques, quand bien même d'une manière quelque peu distordue, imaginative et littéraire. Pour quelle raison ? Pour provoquer de nouvelles pensées, idées et paradigmes.

Ainsi, les men in black existent certainement, mais peut-être que l'idée que nous nous faisons d'eux à partir des œuvres de Keel et Barker devrait être examinée à travers des filtres rigoureux.

Nous devrions maintenant avoir une certaine compréhension des acteurs complexes et de la chaîne des événements qui ont conduit à la formation de la légende MIB. Cette même légende ne peut toutefois pas, en aucune circonstance rationnelle, expliquer la myriade de rencontres avec des men in black qui s'ensuivit – et qui continue à s'ensuivre – dans le sombre sillage des expériences hallucinogènes de Bender. Il pourrait néanmoins y avoir une explication à cette énigme. Et c'est une explication qui nous emmène dans un périple endiablé au cœur d'un monde de possibilités vraiment fantastiques.

L'imagerie provoquée par les trois men in black de Bender ainsi que les récits de leurs visites et de leurs menaces furent, et sont encore, indéniablement puissants et évocateurs. Et un peu comme une légende moderne, une telle imagerie s'est vite propagée dans toute la communauté de recherche en ovnis, atteignant finalement le gouvernement des États-Unis, J. Edgar Hoover, l'armée, les médias et Hollywood. Ces motifs indéniablement puissants, nés de Bender et élaborés par les techniques de conteurs de Barker et

Keel, et subséquemment distillés dans l'esprit de milliers de personnes, pourraient malencontreusement avoir débouché sur la création d'une toute nouvelle race de men in black qui dépasse de loin tout ce dont Bender et Barker auraient pu rêver au début des années 1950. Il s'agit de la race des Tulpas. Et si vous n'avez pas de connaissances sur cette race, vous êtes sur le point d'en acquérir.

CHAPITRE 15

TULPAS ET VAMPIRES

« Les men in black semblent mal informés, suggère Chris O'Brien. C'est comme s'ils apparaissaient pour une tâche précise et qu'ils savaient ce qu'ils sont supposés faire et dire, mais qu'ils existaient dans un cadre décontextualisé. Bref, ils sont presque comme des manifestations, ou des entités temporaires, fabriquées, qui ne semblent pas être dotées d'une quelconque profondeur. »

Il poursuit : « La question à mille euros est : qui est derrière ? Les men in black pourraient être une sorte de manifestation collective. Je pense qu'il pourrait y avoir un genre de relation symbiotique entre les entités et les attentes des gens quant à la manière dont elles vont apparaître. Et ils sont très clichés – *très* clichés – ce qui tend à confirmer l'idée que nous, ou quelque chose, faisons apparaître ces entités. C'est presque comme s'il s'agissait de Tulpas. »

Et que sont, pourriez-vous demander, les Tulpas ? Pour répondre à cette question complexe, nous devons porter notre attention sur une certaine Alexandra David-Néel. Née Louise Alexandrine Marie David en France le 24 octobre 1868, David-Néel fut la première femme à se voir décerner le titre prestigieux de Lama au Tibet.

Tout au long de sa vie de centenaire, David-Néel – qui était à la fois une anarchiste et une bouddhiste – voyagea énormément en Asie ; elle éprouvait un amour intense pour l'Himalaya et, en 1932, rédigea un livre fascinant sur ses nombreuses aventures intitulé *Mystiques et magiciens du Tibet*. C'est, de bien des manières, grâce à David-Néel que le phénomène du Tulpa est devenu connu et considéré en dehors de la culture et des enseignements tibétains.

L'origine du mot *Tulpa* se trouve dans la langue tibétaine et fait spécifiquement référence à une entité, ou un être, qui n'atteint une forme de réalité significative qu'après avoir été invoqué par la seule imagination du praticien. Le processus de création est complexe et demande énormément de talent et de dévotion, mais ceux qui sont consciencieusement formés à l'art ancien du Tulpa peuvent tirer l'imaginaire des confins de leur esprit jusque dans le monde physique.

Il apparaît que David-Néel était fascinée et obsédée par le folklore, le mystère et le potentiel du Tulpa – à tel point qu'elle décida finalement d'essayer d'en créer un elle-même. Dans son cas, elle choisit de visualiser l'image d'un moine obèse et affable – peut-être pas très loin du frère Tuck dans les films de Robin des Bois hollywoodiens. Le processus qui visait à créer l'image de ce moine fut à la fois long et éreintant mais, au bout d'un moment, David-Néel fut enfin en mesure de voir son moine éthéré, non seulement dans son esprit mais aussi dans le monde réel. En d'autres termes, une toute nouvelle forme de vie spectrale était née.

En temps voulu, la vision du moine gagna en clarté et en substance jusqu'à ce qu'il devienne presque indissociable de la réalité physique, comme l'expliqua David-Néel : « Il est devenu un genre d'invité, vivant dans mon appartement. Puis, j'ai quitté mon isolement et suis partie en voyage, avec mes domestiques et mes tentes. Le moine s'est joint au groupe. Même si je vivais à l'air libre, montant à cheval sur plusieurs kilomètres par jour, l'illusion persistait. Il n'était pas nécessaire que je pense à lui pour qu'il apparaisse. Le fantôme effectuait diverses actions du genre de celles qui sont naturelles chez les voyageurs et que je n'avais pas commandées. Par exemple, il marchait, s'arrêtait, regardait autour de lui. L'illusion était surtout visuelle, mais parfois j'avais l'impression qu'une robe frottait légèrement contre moi, et une fois une main sembla toucher mon épaule » (David-Néel, 1971).

Mais, à l'image d'un adolescent rebelle fatigué de s'entendre dire quoi faire et ne pas faire par papa et maman, vint finalement le jour où le moine fabriqué échappa au contrôle conscient de David-Néel. Pire encore : ce sympathique personnage commença à se transformer, à la fois dans son attitude et son apparence. David-Néel entrait désormais sur un territoire vraiment dangereux et, pour elle, jusque-là inconnu. Selon ses propres mots : « Le gros bonhomme joufflu s'amincit, son visage prit un aspect vaguement moqueur, sournois, malveillant. Il devint plus querelleur et effronté. Bref, il échappait à mon contrôle » (David-Néel, 1971).

À ce tournant décisif, David-Néel conclut que les choses étaient allées bien trop loin et elle se mit à utiliser toute une variété de techniques lamaïques ancestrales pour essayer de réabsorber la créature désormais malveillante dans les profondeurs de son propre esprit. Sans surprise, le Tulpa était des plus récalcitrants à l'idée d'être réduit à néant. Mais heureusement, David-Néel réussit finalement, après une effroyable période de six mois, au cours de laquelle le moine mental devint encore plus vicieux, méchant et empli de haine envers sa créatrice, tandis qu'il luttait – finalement en vain – pour empêcher David-Néel de mettre un terme à sa « vie ».

Comment une telle création de l'imagination peut-elle se libérer de ses amarres mentales, au lieu de simplement faire surface quand son créateur désire qu'elle apparaisse ? Un Tulpa, dirent les occultistes tibétains à David-Néel, commence à agir indépendamment quand il est doté de suffisamment de vitalité et d'énergie pour revêtir un semblant de réalité physique. Elle apprit de plus qu'il s'agit d'une partie presque inévitable du processus général et que ce n'est pas du tout différent du phénomène d'enfantement naturel qui se produit entre une mère et son enfant. Les magiciens tibétains informèrent par ailleurs David-Néel de cas impliquant des Tulpas qui avaient été dépêchés pour s'acquitter de missions ou de tâches spécifiques, mais qui ne le firent pas et suivirent plutôt leurs propres plans dangereusement malicieux. Si le créateur du Tulpa devait décéder avant que le processus de déconstruction ne soit achevé, fut avertie David-Néel, la créature ferait son maximum pour s'accrocher à la vie. Et si elle demeurait sans surveillance, elle aurait de bonnes chances de prospérer.

Alexandra David-Néel n'était toutefois pas la seule personne de renom à avoir introduit – imprudemment donc, et sans réflexion préalable, pourrait-on dire – des Tulpas dans notre monde depuis les profondeurs de leur esprit.

Né en 1873, Franek Kluski, de son vrai nom Teofil Modrzejewski, possédait une longue histoire d'expériences paranormales qui remontait à son enfance. Il se souvenait par exemple avoir vu des proches décédés, des animaux de compagnie disparus depuis longtemps et d'autres bêtes fantômes. Mais ce ne fut pas avant 1918, après une séance, que le potentiel de médium de Kluski fut finalement reconnu et qu'une série de séances vraiment stupéfiantes commença pour de bon. De fait, la réputation de Kluski était telle que le nombre des participants à ses sessions atteignit bientôt les centaines et comptait une foule de gens issus de toutes les couches de la société.

Plus intrigantes étaient les matérialisations (dont beaucoup rappellent les entités non identifiées aperçues dans les bois de Cannock Chase en Angleterre et mentionnées dans l'introduction) qui avaient lieu au cours de ces séances. Elles comprenaient un immense chien, un oiseau spectral, un chat géant ressemblant à un lion et une imposante créature aux allures de singe. Selon le Dr Gustave Geley, qui participa aux séances de Kluski à l'Institut métapsychique international de Paris, « Tous ces fantômes donnaient l'impression d'être vivants » (Barrington, 1993). Remarquablement, ces créatures quasi réelles se matérialisaient également chez lui hors séance. En d'autres termes, le chat géant, le chien fantôme et la bête-singe spectrale adoptaient occasionnellement une existence indépendante – exactement comme le moine joufflu d'Alexandra David-Néel.

Mais comment les entités apparues devant Franek Kluski et le moine maniaque créé par Alexandra David-Néel prospèrent-elles dans notre environnement ? La réponse est double, et aussi terrifiante qu'élémentaire. Le simple fait que nous croyions au Tulpa participe de sa faculté à maintenir un pied dans notre réalité. Et, alors que nous nous nourrissons d'animaux, de fruits et de légumes, ils se nourrissent d'émotions humaines intenses. Comment produisent-ils cette source de nourriture ? Ils dépassent délibérément les limites pour provoquer ces états émotionnels.

Se pourrait-il que la terreur personnelle d'Albert Bender vis-à-vis des men in black et la capacité de Gray Barker à dépeindre de manière réaliste leurs actions aient conduit à une croyance tellement intense dans les MIB (et à leur acceptation) qu'ils sont sortis tout droit de l'esprit de Bender et Barker pour plonger dans le monde réel, sous la forme de Tulpas ? Pour y répondre, examinons minutieusement ce que nous savons des men in black.

Le Tulpa se nourrit d'états émotionnels intenses. Dans le cas des men in black, cet état émotionnel intense serait de la terreur pure. Ceci, pourrait-on argumenter, expliquerait pourquoi les MIB s'assurent toujours d'insuffler cette terreur chez les témoins des activités d'ovnis – même quand le cas lui-même n'est pas excessivement significatif ou important. En d'autres termes, c'est la réponse terrifiée du témoin – plus que les subtilités de l'apparition d'ovni elle-même – qui est d'une importance vitale pour les men in black. C'est ceci, plus que toute autre chose, qui dicte leurs actions et assure leur survie en ce monde.

Timothy Green Beckley fait une remarque intéressante sur ce point : « Le truc bizarre avec les men in black est qu'ils s'intéressent parfois à des cas anodins dans lesquels, si ce n'était leur propre présence, personne ne se préoccuperait des observations. Donc, c'est étrange : ils attirent l'attention sur eux en effrayant et en réduisant au silence des gens dont les observations ne sont vraiment pas si spéciales. Parfois, ils semblent juste piocher des témoins au hasard. »

Peut-être ce hasard n'en est-il pas tellement un. Peut-être les MIB sont-ils poussés par *la* chose qui nous définit : l'instinct de préservation. Peut-être que quand leurs actions sont moins mentionnées au sein des publications sur les ovnis et des médias de masse, la croyance en leur existence et la réponse émotionnelle à leur présence qui l'accompagne commencent à s'atténuer. Et quand cette croyance s'affaiblit jusqu'à les faire passer pour rien de plus que des canulars, des mythes et des légendes, leur pouvoir et leur présence dans notre environnement diminuent aussi. Ainsi, ils deviennent à peine plus que des spectres sans forme ni identité réelle. Ceci pourrait aussi expliquer dans une certaine mesure pourquoi les men in black sont parfois à peine conscients d'eux-mêmes et se conduisent de manière si étrange. Peut-être alors que leur vie se met à se fragmenter et à se désintégrer autour d'eux, ils commencent littéralement à perdre la tête.

C'est peut-être pourquoi les activités des men in black semblent survenir par cycles ou par vagues, comme à Point Pleasant en Virginie occidentale dans les années 1960 : ils recherchent activement des témoins d'ovnis pour s'assurer une nourriture émotionnelle forte. Et comme les MIB se nourrissent alors des émotions des témoins, leur capacité à opérer et à être vus dans notre monde sous leur forme physique complète est accrue. Inévitablement, cette opportunité supplémentaire de coexister avec nous physiquement, et pendant une plus longue période, signifie une plus grande possibilité d'être aperçus par d'autres, qui deviennent à leur tour les victimes de leurs visites… et, par-là même, les MIB gagnent encore plus de force émotionnelle.

Ainsi, un cycle est créé à travers lequel une apparition de MIB en entraîne une autre et la croyance en leur existence est exaltée par les médias et le bouche à oreille. Les men in black s'assurent une prise toujours plus grande dans notre monde au fur et à mesure que les émotions s'envolent, que les apparitions s'accumulent et que leur source d'alimentation énergétique s'accroît. Mais ensuite, ils disparaissent soudain aussi énigmatiquement qu'ils sont apparus. Pourquoi ? La réponse pourrait être très simple : ils sont maintenant complètement nourris et rassasiés. Et comme les animaux sauvages, ils ne chercheront de nouvelles proies fraîches que lorsque la faim, et un besoin désespéré de s'assurer que leur curieuse forme de vie perdure, commencera à les assaillir de nouveau.

Le processus de réalimentation échoue peut-être parfois, comme dans le cas du Dr Herbert Hopkins en 1976, lorsque l'énergie de l'homme en noir chuta dans des proportions qu'on pourrait s'attendre à voir chez une diabétique en besoin urgent d'une injection de sucre. Peut-être que le visiteur d'Hopkins, incapable d'aspirer l'émotion du docteur pour une raison qui dépasse notre entendement, est parti dans la nuit pour appâter et se repaître d'un autre acteur malheureux du monde des ovnis.

La visite du Dr Hopkins a une autre information intéressante à nous offrir : ce fut spécifiquement son *invitation* qui conduisit l'homme en noir à venir assombrir sa porte et à entrer dans la maison familiale. Ceci me rappelle la vieille légende qui veut que le vampire ne peut entrer chez quelqu'un que s'il reçoit la permission de le faire. Les vampires des siècles passés étaient aussi des formes de vie prédatrices qui se nourrissaient de l'humanité – quand bien même sous la forme de sang. Rappelons aussi qu'en Angleterre, en 2000, la femme en noir de Colin Perks était restée en silence sur le pas de la porte, attendant la permission d'entrer chez lui.

Je m'interroge donc : ces vieilles légendes d'êtres suceurs de sang se nourrissant de l'humanité auraient-elles pu être des distorsions de véritables rencontres avec des proto-MIB il y a des siècles, dont la seule mission était de s'assurer une nourriture vitale auprès de nous ? Après tout, y a-t-il vraiment beaucoup de différence entre un vampire vêtu de noir au visage livide en quête de sang, et un man in black blanc comme un linge en costume noir avec un appétit vorace pour nos émotions ? Je serais fortement tenté de dire que non. Peut-être Albert Bender n'a-t-il donc fait que donner naissance aux men in black *modernes* de style Tulpas. Peut-être qu'au cours des siècles passés, il y en a eu beaucoup d'autres comme

Albert Bender qui ont malencontreusement – ou peut-être délibérément – ouvert les portes de leur subconscient et lâché une imagerie similaire sur le monde réel.

Afin que vous ne pensiez pas que je suis le seul à avoir avancé cette théorie sur les men in black, considérez les mots d'Allen Greenfield : « Le truc avec les cas qui intéressaient grandement Keel, Barker et quelques autres est que ces men in black ne semblent pas du tout être des êtres humains. On dirait qu'ils doivent faire des efforts pour paraître humains. C'est comme s'ils essayaient de projeter leur existence d'instant en instant, et qu'ils avaient beaucoup de mal à le faire. Dans certains cas, les gens ont l'impression que c'est comme si les men in black avaient aspiré l'énergie de l'air, et vous avez donc des comparaisons avec les vampires – des vampires psychiques. Quoi qu'ils puissent être, ils semblent tirer leur énergie de leur environnement. »

Approfondissant ce cheminement de pensée, Greenfield dit :

> Peut-être que les men in black sont générés par la peur. J'ai l'intuition que la peur pourrait être un facteur majeur générant bon nombre des phénomènes d'ovnis en général. Bien qu'il semble qu'une forme d'intelligence distincte soit aussi impliquée. Je ne pense pas que tout ceci soit entièrement généré, purement et simplement, par les témoins. Mais ce qui se passe est que les témoins éprouvent un genre de peur – Barker pensait que c'était une combinaison d'érotisme et de peur, et il a tourné autour de cette question à cause de l'époque dans laquelle il vivait et de certaines parties de sa vie personnelle qu'il gardait alors pour lui. Il me semble qu'il y a une sorte de panique sexuelle qui est un ingrédient produisant, ou annonçant, l'arrivée de ces êtres sources de peur. Et ça irait des men in black et leurs menaces aux phénomènes d'enlèvements extraterrestres, en passant par l'aspect examen physique qui contient toutes sortes de sous-entendus sexuels.

Les mots de Greenfield sont tout aussi pertinents en ce qui concerne les histoires d'Albert Bender, avec leurs thèmes forts de peur et d'érotisme avec des filles de l'espace. Greenfield avance ce qui suit en ce qui concerne les opérations des men in black et qui rappelle aussi mon idée que l'énigme serait liée au concept des Tulpas : « Il semble que toute l'expérience provoque la peur chez le témoin et je me demande si générer cette peur n'est pas le but premier. Si, quelle qu'elle soit, la source de ceci trouve son énergie en absorbant littéralement les peurs humaines, alors plus l'émotion est forte, plus la peur est grande. Je dirais que c'est presque certainement le cas quand les men in black disent aux gens de ne pas parler des ovnis ; ce n'est *pas* pour les réduire au silence. »

Alors quelle en est la raison ? Les théories de Greenfield sont en accord parfait avec l'idée que les MIB pourraient être des Tulpas : « Leur but est d'effrayer et de créer cet état émotionnel intense. La menace est une ruse pour provoquer cette flambée de peur et d'énergie. Et ironiquement, l'inverse est vrai au sujet des menaces des men in black. Les gens s'entendent dire de ne pas parler de ce qu'ils ont vu, mais en réalité, le résultat est qu'ils foncent en hurlant trouver la police, leur prêtre ou les groupes d'ufologie. La réponse du témoin est donc précisément l'inverse de ce que les men in black sont censés chercher à obtenir. »

Les derniers mots de Greenfield sur le sujet sont édifiants. En fait, ils sont franchement pétrifiants : « Dans certains cas, c'est comme si nous étions une source de nourriture ; ils pourraient prendre la peur et, en termes simplistes, la manger. »

Colin Bennett a aussi remarqué que les men in black semblent avoir des vies très différentes des nôtres : « Il paraît assez évident que les MIB sont des manifestations liminaires tout autant que Bigfoot. Comme les ovnis eux-mêmes, les MIB et Bigfoot ressemblent plus à de petits fragments médiumniques qu'à quoi que ce soit d'autre. Nous pouvons aisément supposer que toute forme extraterrestre ait depuis longtemps évolué en pur médium, laissant derrière elle toute trace physique il y a des millions d'années. Malgré tous ces cryptides animaliers rapportés, il n'y a pas de chaîne alimentaire, pas de signe de nidification ou d'élevage, pas de déjections, [pas de] signes de luttes tribales et – plus important que tout – pas de restes squelettiques après la mort, les blessures ou les maladies fatales.

« L'homme en noir, continue Bennett, diffère bien sûr de Bigfoot, par exemple en termes de fonctionnement, en cela qu'il prend une forme humanoïde, affiche un langage limité et une présence tout aussi limitée. Mais, de la même manière que Bigfoot, notre man in black n'a pas d'environnement social. Chacun de ces cryptides animaliers ou humanoïdes semble être une simulation limitée possédant une demi-vie très courte, plutôt comme une série de plans non retenus pour un film. Nous avons donc à l'œuvre ici un phénomène détectable dont les limites dépendent de sa propre volonté psychosociale et dialectique. Les plans sont la clé du programme. »

Bennett porte son attention sur sa propre rencontre avec un man in black à Londres au début des années 1980 : « Les entrées et les sorties rapides des MIB sont un bon système de défense, bien sûr. Dans mon cas, notre visiteur s'était assuré que je n'avais pas le temps de formuler certaines questions dont les réponses auraient pu révéler l'absence d'une vraie bio-complexité humaine vivante. Je pense qu'il lisait en moi en même temps que les questions se formaient dans ma tête et qu'il est vite parti. » Il observe également : « Nous devons donc en conclure que notre man in black surspécialisé, excessivement sérieux, prévisible et extrêmement limité est seulement capable de produire un simulacre très simple pendant une très courte période. »

Alors que nous nous approchons de la conclusion sur cette question spécifique, il convient de noter que dans une lettre à John Keel, Gray Barker écrivit : « Il existe une méthode que j'ai utilisée et qui m'a permis d'être relativement peu dérangé par le syndrome MIB [...] Si le lecteur est un jour confronté à l'un de ces étranges personnages... ne répondez pas par la peur. Plus important, faites une blague quelconque ! Si vous rejetez leurs plans, ils seront pour ainsi dire "court-circuités" et s'enfuiront probablement au pas de course en criant dans la nuit ou disparaîtront en fondu comme dans un film » (Moseley, 1967).

Colin Bennett dit de ces mots : « On dirait ici que Barker était entré en contact avec un MIB et avait créé un moyen d'exorciser ces choses. » On dirait aussi que Barker était grandement conscient de la raison pour laquelle les men in black dépendent tellement de la peur et pourquoi il était important que le témoin ne leur fournisse pas la nourriture qu'ils attendent froidement si longtemps. Peut-être Barker a-t-il emporté avec lui dans la tombe de sérieux soupçons sur les origines des MIB que, presque trente ans après son trépas prématuré, nous ne connaîtrons jamais.

CHAPITRE 16

FRIPONS

En lien avec le Tulpa, nous avons le phénomène ancien du Fripon. Chris O'Brien, un des chercheurs les plus érudits dans ce domaine mal compris, déclare : « Il est difficile de définir ce qu'est le phénomène du Fripon, mais c'est le plus ancien symbole archétypique de la conscience collective humaine. C'est pour cette raison que nous avons des clowns ; ils font des choses absurdes et constituent un vestige des Fripons primitifs originels. Et vous avez fondamentalement cet élément absurde dans le cas des men in black. »

O'Brien conclut que le rôle principal du Fripon est de fournir une contre-structure ou une nouveauté au sein d'une culture ou d'une sous-culture et de renverser le statu quo. Ce faisant, il permet à la culture d'aller de l'avant et de faire de la place au progrès, au lieu de rester rigidement coincée dans un système de contrôle particulier.

« Et ceci, dit O'Brien, peut prendre la forme d'un animal anthropomorphique. Et apporter une nouvelle technologie est un des éléments fondamentaux de toutes les histoires de Fripon autour du monde. Comme l'introduction de l'agriculture et des filets de pêche, dans de nombreuses histoires, différents aspects du développement technologique sont apportés par des éléments Fripons. Ce n'est donc pas qu'une seule chose. Il s'agit d'idées inconscientes héritées collectivement, de schémas de pensées, d'images, de concepts universellement présents dans la psyché individuelle. C'est ma propre définition. L'opinion principale est que le Fripon est statique, qu'il n'évolue *pas*, qu'il n'est pas conscient du monde ni de lui-même. Mais j'ai essayé de réfuter ça. Je pense qu'il évolue, qu'il n'est pas statique et qu'il devient conscient de lui-même, mais il reste amoral. »

Portant son attention spécifiquement sur les men in black, O'Brien observe qu'il existe des corrélations majeures avec le phénomène Fripon : « Nous parlons d'individus qui *paraissent* sinistres, mais qui ne le sont pas. Il s'agit plus de suggestion de quelque chose de sinistre, or les visites des MIB semblent apporter quelque chose de sinistre aux apparitions d'ovnis. Les men in black sont presque devenus un symbole archétypique. Nous parlons de quelque chose qui est profondément enraciné dans notre conscience, en commençant par Barker et en poursuivant avec Keel. Et je crois que ces histoires se sont diffusées de manière suffisamment significative pour créer un archétype dans notre conscience collective. Je pense que dans le cas des MIB, il s'agit d'un élément sous-étudié et mal compris du phénomène Fripon. »

Regan Lee a son propre avis sur l'aspect Fripon du phénomène men in black : « Une chose qui me frappe au sujet des hommes en noir est que nous avons deux théories contradictoires sur ce qu'ils sont. Il y a les agents gouvernementaux, et il y a cet autre phénomène MIB qui remonte loin, très loin – des siècles en arrière, même. Donc, je suis fascinée par ces deux types différents, ou ces deux chronologies, pour les men in black. Et bien qu'ils soient généralement associés aux ovnis, il y a d'autres histoires qui n'ont peu ou rien à voir avec les ovnis – les histoires paranormales, où apparaissent les MIB. Sont-ils des entités réelles ? Pourraient-ils être interdimensionnels ? »

Lee est tentée de croire qu'ils pourraient avoir quelque chose en commun avec ce que nous appelons les djinns. Les djinns (d'où a été dérivé le mot *génie*) trouvent leur origine dans la tradition arabe et les enseignements de l'islam ; il s'agit de Fripons polymorphes qui peuvent être bienveillants, hostiles ou parfaitement neutres par nature. Ils peuvent aussi être manipulateurs et trompeurs simplement pour le frisson que ça leur procure. « Ils apparaissent pour nous provoquer, dit Lee, pour interférer avec nous. Est-ce leur idée de l'amusement ? C'est peut-être plus insidieux, ou un peu tout ça à la fois. Ça va plus loin que les espions du gouvernement ; bien qu'il ne fasse aucun doute qu'il y ait des espions du gouvernement dans la nature qui prétendent être les vrais men in black. Mais les vrais men in black aiment se frotter à nous – comme les Fripons. C'est leur idée d'un bon moment : taquiner les humains. »

Un autre Fripon légendaire est la fée de l'ancien folklore celtique. À l'opposé de l'image moderne amicale et avenante que beaucoup de gens associent aux fées – sous la forme de jolies entités ailées et menues –, il y a des siècles, ces êtres étaient perçus comme étant capables d'être tout bonnement mortels, de semer le chaos et la désolation dans les foyers, de voler des nouveau-nés et de les remplacer par des effigies grossièrement formées (les enlèvements extraterrestres et les hybrides humains/extraterrestres modernes peut-être ?) et d'entretenir des rancunes profondes et tenaces. Vous pourriez vous demander : *Alors qu'est-ce que cette variété particulière de Fripon a à voir avec les men in black ?* Voyez la suite...

« C'est une de ces histoires qui sont purement anecdotiques », dit Regan Lee d'une rencontre très curieuse avec des MIB au début des années 1970 sur laquelle elle a enquêté. « C'est arrivé il y a des années. Les dates et les heures ne sont pas exactes ; les témoins, excepté celui qui a partagé ce qui suit avec moi, ne pourront être trouvés. Mais il y a une chose vraiment spéciale dans cette histoire, comme nous allons le voir. » C'est arrivé dans la vallée d'Owens dans l'est de la Californie, à l'est de la Sierra Nevada, dans ce qu'un témoin a décrit comme une « communauté hippie ». La région était reculée et, comme l'observe Lee, « personne ne portait de costume, si tant est qu'ils aient jamais possédé de costume. Ce détail est important » (Lee, 2010).

L'observation d'ovni qui a attiré les men in black est typique : l'amie de Lee, en compagnie de deux autres témoins, roulaient de nuit sur une autoroute de la région lorsqu'ils aperçurent tous un imposant objet volant dans le ciel nocturne. Il avait « de grandes lumières blanches qui en faisaient tout le tour », comme le formula l'amie de Lee. Ils regardèrent l'engin dans le ciel au-dessus d'eux pendant un moment, jusqu'à ce qu'il s'éclipse. « Mon amie ne se souvient pas s'ils ont parlé à quiconque de l'apparition, ajoute Lee, mais [elle] ne pense pas qu'ils l'aient fait. Aucun témoin ne pensa à appeler une quelconque agence pour en faire état ; pour une bonne raison : ils n'avaient aucune idée de qui appeler, et pour une autre, c'était le début des années 1970 et que des hippies déclarés appellent une agence officielle pour une observation d'ovni ne leur est pas venu à l'esprit » (Lee, 2010).

Néanmoins, cette absence de rapport ne déstabilisa pas les men in black : ils débarquèrent bientôt sur la scène. Quelques jours seulement après la rencontre, deux hommes firent leur apparition dans la communauté. À ce moment-là, l'amie de Lee était seule avec ses enfants ; tous les autres étaient partis travailler ou faire des courses. Lee dit que son amie « décrivit les individus comme portant des costumes d'affaires, ce qui lui parut extrêmement étrange. Personne dans le secteur ne portait de costume ; l'idée que quelqu'un se déplace en voiture dans le coin, en costume, était franchement bizarre. Elle est plutôt sûre qu'ils lui ont montré [une] pièce d'identité, mais elle ne se souvient pas de quelle agence ils ont dit qu'ils venaient. Mais c'était une jeune femme, vivant selon un mode de vie de contre-culture au milieu de nulle part et ces deux officiels en costume sont arrivés à sa porte. Facile de voir pourquoi elle pouvait être un peu agitée et intimidée. Elle crut sur parole qu'ils étaient bien ce qu'ils prétendaient être » (Lee, 2010).

Les MIB en vinrent rapidement aux faits et commencèrent à poser des questions inquisitrices sur sa rencontre avec l'ovni, ce qui était en soi très curieux, dans la mesure où elle n'avait mentionné l'incident à personne. Puis, les questions devinrent bizarres. Les men in black voulaient savoir si elle, ou qui que ce soit d'autre dans la communauté, avait remarqué quoi que ce soit de différent, ou d'inhabituel, dans le goût « du lait des animaux ».

« Lorsque j'entendis ça, je sus que je tenais quelque chose d'important, dit Lee. Je n'avais jamais entendu parler d'une telle question jusque-là dans le contexte des rencontres d'ovnis, et ma première pensée allait vers une sorte de lien entre cette apparition et les mutilations de bétail. Je demandai à mon ami si elle était au courant d'une quelconque mutilation de bétail dans la région à l'époque ; je ne suis pas sûre qu'elle comprît ce dont je parlais exactement. Mais elle admit que c'était une question très bizarre » (Lee, 2010).

Lorsque Lee partagea cette histoire avec moi en novembre 2010, je compris rapidement que le genre d'interrogatoire développé par les men in black pourrait avoir eu beaucoup moins de rapport avec la mutilation du bétail qu'avec des questions typiques des Fripons. Je dis à Lee dans un courriel : « Faites une recherche Google sur "fée + lait tourné" et vous verrez comment les deux se rejoignent. » Ceci pourrait peut-être placer les MIB dans un monde résolument paranormal ou Fripon. Dans le folklore anglais, il y a la légende du boggart – une entité malfaisante qui avait un penchant particulier et irrépressible pour faire tourner le lait. L'Écosse a le tout aussi lactophobe Bogle. Et dans la culture lituanienne, nous entendons parler de Lauma, une superbe femme qui vole les bébés et souille malicieusement le lait.

Notez l'observation suivante de John Keel : « Le folklore des fées des pays celtes est aussi plein de légendes de men in black. En fait, une part de cette croyance inclut des fées qui ont la taille d'hommes normaux et qui se promènent presque inaperçues au milieu des humains, si ce n'étaient les vêtements noirs. Comme leurs homologues de plus petite taille, on disait d'elles qu'elles étaient les auteurs de nombreux méfaits » (Beckley, 1990).

Lee ajoute, après avoir étudié les données correspondantes sur les légendes de fées : « Si nous considérons les phénomènes d'extraterrestres et d'ovnis comme faisant partie du royaume féerique des Fripons et du paranormal, de même que de la vénération de la vache comme un être sacré/divin, et les MIB gouvernementaux comme d'obscurs personnages représentant un autre monde, nous voyons que [nous touchons] résolument à autre chose. Il existe une abondance d'indices dans le contexte des phénomènes d'ovnis, ou du moins pour certains aspects, qui dépassent les explications grossières d'extraterrestres d'une autre planète et qui les placent dans une sphère paranormale » (Lee, 2010).

Les MIB de type Fripons sont-ils des entités qui, pour leurs propres raisons obscures, ont choisi de mettre au jour pour un public moderne un motif ancestral tout droit sorti du monde féerique ? Ou les agents du gouvernement sont-ils préoccupés par des extraterrestres sournois empoisonnant les réserves en lait du pays ? Les deux scénarios semblent bizarres à l'extrême. Ou peut-être qu'*absurdes* serait un mot plus approprié.

Il y a de nombreuses années, Gray Barker raconta à Timothy Green Beckley une rencontre MIB qui avait eu lieu à Arko dans l'Utah. Le témoin était un écolier, un certain Robert McCallister, qui, le jour en question, traînait dans un bois du voisinage lorsqu'il tomba sur un engin relativement petit de forme circulaire, planant à environ deux mètres du sol dans une clairière isolée. Soudain, trois hommes de grande taille et d'allure inhabituelle apparurent – comme le fit un personnage aux cheveux argentés, qui était de surcroît assis au sommet d'une chaise flottante – et invitèrent McCallister à examiner la mini soucoupe volante.

De manière intrigante, tout comme un des nombreux men in black de Mary Hyre qui étaient apparus à Point Pleasant en Virginie occidentale dans les années 1960, ledit extraterrestre semblait fasciné par un stylo à bille qui ressortait de la poche de McCallister et que le garçon offrit alors en cadeau au personnage énigmatique. Apparemment ravi – *bien trop ravi*, pourrait-on arguer – l'homme offrit à son tour un petit tube noir ressemblant à du plastique à

McCallister. On fit alors signe au gamin de quitter le vaisseau et de garder ses distances – ce qu'il fit – et l'engin prit bientôt son envol avant de disparaître. Ce n'est que plus tard que McCallister se rendit compte que l'inestimable artefact avait disparu de sa poche. L'auteur Jacques Vallée explique la pertinence de ce type de rencontre dans le monde féerique : « … le folklore séculaire est riche de légendes de gens qui prétendent avoir visité le royaume des fées et qui ont essayé de ramener avec eux un souvenir, juste pour que leurs plans soient contrecarrés d'une manière ou d'une autre à la dernière minute » (Vallée, 1970). De telles expériences, dans des temps anciens, avaient souvent lieu dans des clairières isolées profondément enfouies dans les bois – tout comme celle de McCallister.

Mais que faisait McCallister dans les bois, pour commencer ? Il posait des pièges pour attraper des coyotes. Or il apparaît que dans les cultures amérindiennes, le coyote était un des plus vénérés d'une grande variété de Fripons. Polymorphe, bouffon, messager et bien plus, le coyote est également souvent un voleur. Un stylo à bille pourrait paraître bien peu mais – comme l'homme en noir de Mary Hyre – le mystérieux personnage de McCallister semblait extraordinairement heureux de mettre la main sur ce petit objet insignifiant. Et, dans le processus, il s'assura qu'au final son cadeau au jeune garçon disparaisse.

Également pertinente pour le côté Fripon du phénomène MIB se trouve l'expérience de Peter Rojcewicz qui, en 1980, se retrouva confronté à un man in black à la bibliothèque de l'université de Pennsylvanie, alors qu'il était justement en train de faire des recherches pour sa thèse de doctorat sur le folklore. De nulle part, et alors que la librairie semblait curieusement et sinistrement déserte, apparut un homme maigre et de grande taille, doté d'un accent vaguement européen, habillé dans la couleur désormais familière. Fut entamée une conversation qui, étant donné les liens de Rojcewicz avec le folklore, se porta sur les ovnis. L'homme demanda à l'étudiant s'il pensait que les ovnis étaient une réalité, ce à quoi ce dernier répondit qu'il s'intéressait plus à la question sous un angle folklorique. Ça n'est pas bien passé du tout. L'homme en noir s'énerva et souligna l'importance de tout le phénomène des ovnis. Après que Rojcewicz eut essayé de calmer son interlocuteur, ce dernier plaça simplement une main sur l'épaule de l'étudiant et suggéra en termes curieux que Rojcewicz devrait bien s'en sortir dans son travail. Que Rojcewicz – après avoir rencontré l'étrange man in black – ait fini par devenir directeur de département et professeur de sciences humaines à la faculté de Juilliard, ainsi qu'un doyen de la faculté des études holistiques de l'université John F. Kennedy est peut-être une preuve de la manière dont, comme le formule Chris O'Brien, le Fripon « permet à la culture d'aller de l'avant, et de faire de la place au progrès ».

Il y a encore d'autres exemples de ruses de Fripons dans le cas des MIB. Alors que j'approchais de la conclusion de mon interview de Jim Moseley sur son opinion quant aux affirmations d'Albert Bender au sujet de la visite des men in black au début des années 1950, Moseley se mit pratiquement à crier dans le combiné : « C'est marrant… Y'a quelque chose qui ne va pas avec le téléphone ici ! Plus je parle, et plus je reçois d'électricité statique ! » Peut-être que les âmes de Barker et Keel avaient décidé d'inverser les rôles, et de jouer quelques tours à Moseley depuis l'au-delà. Ou peut-être que les men in black – si prompts à jouer d'interruptions sur nos téléphones – versaient dans quelques ruses de Fripons de leur cru. Étant donné que Moseley est sceptique vis-à-vis de la plupart de la mythologie MIB, peut-être que les Fripons essayaient de lui faire comprendre, à leur manière si unique, qu'il ne devrait pas être aussi sceptique après tout.

Colin Bennett a une dernière chose à dire au sujet de sa rencontre de 1982 avec un man in black dans son appartement londonien : « J'ai ici une confession à faire. À cette époque, une de mes pièces était jouée à l'Institut d'art contemporain de Londres. Le titre était

"All Along the Watchtower" et elle parlait des ovnis et des men in black. » Que Bennett ait rencontré personnellement un man in black à l'époque où sa production scénique battait son plein indique certainement quelque manipulation de Fripon.

L'expérience de Raven Meindel en 2008 avec les men in black trahit aussi une présence Fripon. Rappelez-vous ses mots sur ce qu'elle faisait quand ses deux MIB ont fait irruption sur la scène : « je jouais dehors au Frisbee avec un gamin du quartier. Le Frisbee portait le nom d'*Alien Volant*, avec un visage extraterrestre dessus, et j'ai pensé que c'était une coïncidence *très* étrange. »

Quel que soit le cas, la plaisanterie est toujours à nos dépens. La clé est d'essayer de comprendre ce que le plaisantin, ou le Fripon, à sa façon indirecte, nous dit.

CHAPITRE 17

ENQUÊTEURS CIVILS

Assurément, tous les men in black ne peuvent pas être considérés comme des Tulpas ou des Fripons. Des éléments suggèrent que le phénomène dans son ensemble pourrait avoir des origines multiples, incroyablement variées. Portons maintenant notre attention sur un des angles les plus évidents : à savoir, que *certains* cas ne sont nés de rien de plus qu'une erreur d'identification. Bien que je ne pense personnellement pas que ceci explique de manière satisfaisante *tous* les cas de MIB actuellement répertoriés – ni même une grande partie d'entre eux – cela pourrait très bien offrir des réponses à quelques incidents qui ont gagné un statut légendaire. S'exprimant sur cet aspect de l'énigme MIB, Jim Moseley dit : « Une des choses qu'il vous faut connaître est le NICAP ».

Le NICAP, le Comité d'enquête national sur les phénomènes aériens, était l'idée originale d'un physicien quelque peu marginal du nom de Thomas Townsend Brown et fut fondé en 1956, la même année que la publication d'*Ils en savaient trop sur les soucoupes volantes* de Gray Barker. Pour la plupart, les membres du groupe étaient d'ardents défenseurs de la théorie selon laquelle les ovnis étaient d'origine extraterrestre. Le NICAP était connu pour utiliser la science et des raisonnements logiques pour enquêter sur les ovnis, et il fut certainement le groupe d'ufologie le plus respecté des États-Unis depuis ses débuts jusqu'au milieu des années 1960. Ce respect était au moins en partie dû à son prestigieux conseil d'administration comprenant le vice-amiral Roscoe H. Hillenkoetter, qui avait été le premier directeur de la CIA et le contre-amiral Delmer S. Fahrney, responsable du projet de missiles guidés de l'U.S. Navy.

Il y a toutefois ceux qui considèrent que les enquêteurs du NICAP ont sérieusement dépassé les limites un certain nombre de fois en interrogeant des témoins d'ovnis. Le résultat était qu'ils auraient très bien pu passer pour d'authentiques men in black. Moseley, par exemple, est absolument sûr qu'un tel scénario est précisément ce qui s'est passé à l'apogée des années NICAP : « Un nom comme celui-là – le Comité d'enquête national sur les phénomènes aériens – ne sonne-t-il pas comme un groupe gouvernemental officiel pour vous ? Ils *n'étaient pas* officiels, bien sûr ; ils n'étaient que des chercheurs ufologues, comme vous et moi, vraiment. Mais si vous êtes un péquenaud dans votre cambrousse qui a vu un ovni, et que ça a peut-être été mentionné dans la presse, et que quelqu'un se présente à votre porte en exhibant une carte du NICAP et vous dit "Je ne veux pas que vous parliez de ça", vous pourriez croire qu'il est du gouvernement, ou que c'est un de ces men in black dont les gens parlent. Et certains membres du NICAP disaient bien ça, parce que ce que tout groupe d'enquête sur les soucoupes veut, c'est l'exclusivité de l'histoire. »

La vision de Jim Moseley est reprise par Brad Steiger : « Je suis plutôt sûr que dans certains cas – et j'accuse directement certains membres de cette organisation – le NICAP fut responsable de certains récits de men in black. Je *sais* que certains de leurs adolescents boutonneux se pointaient chez les gens, sonnaient à la porte et disaient : "Je suis du NICAP, le Comité d'enquête national sur les phénomènes aériens de Washington D.C.". Vous n'aviez pas besoin d'aller trop loin quand les gens entendaient les mots "de Washington" et que cette personne sortait une petite carte d'identification, pour qu'ils pensent qu'ils avaient reçu la visite des men in black. Et il n'existe pas de domaine de recherche dans le paranormal qui soit plus jaloux que celui de l'ufologie. Donc, si ces ados boutonneux pensaient : "C'est mon affaire ; celle-ci m'appartient", alors ils auraient pu prendre – ou confisqué – des photos et des preuves des mains des témoins et avertir : "N'en parlez à personne d'autre". Donc, je pense que ça explique assurément certaines des histoires de men in black. »

Le scénario des chercheurs perçus comme des men in black se retrouve également de l'autre côté de l'Atlantique. En 1958, un auteur du nom de Gavin Gibbons écrivit un roman de science-fiction intitulé *By Space Ship to the Moon*, dont le sujet était l'atterrissage d'un appareil extraterrestre dans la chaîne de montagnes des Berwyn au nord du pays de Galles. Certains pourraient dire que Gibbons était un vrai prophète : la nuit du 23 janvier 1974, il y eut un événement dans les Berwyn qui est devenu connu dans la communauté de la recherche en ovnis comme le Roswell britannique. Il déconcerta les locaux et provoqua un torrent de rumeurs et d'histoires concernant le crash d'un vaisseau extraterrestre dans les montagnes. De nouvelles rumeurs suggérèrent qu'une opération militaire secrète était mise en place pour retrouver l'ovni et son équipage d'une autre planète, pour ensuite transférer les restes dans un établissement gouvernemental sécurisé où ils seraient étudiés. Depuis cette nuit fatidique, la question de ce qui était ou n'était pas arrivé dans les Berwyn est devenue le sujet de nombreux livres, d'une intense controverse, d'un débat enflammé et, parfois, d'une certaine hystérie. Que *quelque chose* soit arrivé à 20 h 30 le soir en question ne fait toutefois aucun doute.

Les histoires d'étranges lumières dans le ciel, d'explosions dans les Berwyn, de routes de montagnes barrées et de conspiration gouvernementale pour masquer la sombre réalité extraterrestre abondent, et ont abondé pendant des décennies. Toutefois, le chercheur Andy Roberts adopte une approche bien plus terre à terre sur cette histoire. Il pense que le scénario d'un crash d'ovni n'était rien de plus qu'une perception erronée d'une pluie de météorites et d'un tremblement de terre local, de braconniers à l'œuvre dans les versants ténébreux avec de puissantes lampes de poche et d'une flambée de paranoïa et de rumeurs. D'autres pensent qu'un appareil militaire transportant un équipement top-secret s'est écrasé dans la chaîne des Berwyn. Mais quelle que soit la vérité au sujet de cette étrange affaire de janvier 1974, elle a aussi donné naissance à une légende MIB.

Au cours de ses intenses recherches sur ce dossier, Roberts apprit que, au plus haut de la controverse, des rumeurs sensationnelles circulaient librement au niveau local. Il s'agissait de rumeurs – propagées à voix basse – de mystérieux agents venus sur les lieux pour enquêter sur la curieuse série d'événements. Une personne, Val Walls, dit à Roberts : « Il y avait des gens au pub du coin qui ne se mélangeaient à personne. Il y avait deux gars hébergés là mais ils ne sont jamais entrés dans le pub. Ils dormaient là. Ils ne communiquaient avec personne ; ils restaient résolument à l'écart » (Roberts, 2010).

Roberts note fort justement que ces étrangers ont été élevés dans la légende de l'ovni des Berwyn au statut d'officiels gouvernementaux collectant des informations sur le crash de l'ovni ou – encore pire – de men in black envoyés pour réduire les témoins au silence. Mais est-ce qu'un des scénarios est exact ? Non, probablement pas. Roberts pense avoir la réponse au sujet des MIB des Berwyn. Ayant étudié les documents officiels désormais disponibles sur l'incident, il pense que les soi-disant men in black étaient en réalité des employés de l'Institut des services géologiques qui étaient sur le site pour examiner l'aspect tremblement de terre de l'énigme et qui, comme le montrent les dossiers, ont en effet pris des chambres dans l'hôtellerie locale au cours de leur bref séjour. Parfois, une pluie de météorite n'est qu'une pluie de météorites et un tremblement de terre n'est qu'un tremblement de terre, et un mystérieux groupe de MIB s'avère être tout autre chose.

Voici un exemple plus récent et totalement innocent de la manière dont une erreur d'identification ou d'interprétation a joué un rôle central dans la création et le développement de certaines légendes de men in black. Le cas en question est celui de l'enquêteur et auteur d'Asheville en Caroline du nord, spécialisé dans toutes les choses bizarres et auteur du livre encensé *Magic, Mystery and the Molecule* : Micah Hanks. Il raconte une histoire qui donne à réfléchir : « Dans les premiers temps de mes recherches, je fus pris par erreur pour un man in black. Vraiment ! Il y a presque une décennie, j'enquêtais sur un célèbre fantôme ici à Asheville qui est devenu connu comme la Dame Rose. C'était une femme fantôme aperçue en ville au Grove Park Inn. » Voici la légende : en 1920 – sept ans après l'ouverture de l'auberge – une hôte tomba, ou fut délibérément poussée, d'une chambre où le célèbre écrivain F. Scott Fitzgerald avait demeuré au cours d'une visite à Asheville dans les années 1930, et mourut. Aujourd'hui, beaucoup pensent que sa forme spectrale, baignée d'une fumée rose éthérée (d'où le nom), hante les chambres et les couloirs de la vieille auberge.

« Des années auparavant, continue Hanks, quand j'allais au Grove Park Inn, du fait que c'est un établissement très chic, j'avais toujours pensé qu'il était approprié de s'habiller un peu plus élégamment, dans un costume noir. De temps à autre, j'apportais un détecteur de champ électromagnétique ou un compteur Geiger, et j'essayais de les sortir discrètement quand personne n'était dans les parages, pour voir si quelque chose réagissait – je veux dire, la Dame Rose. »

C'est alors que quelque chose d'inhabituel s'est produit : des rumeurs et des récits commencèrent à circuler dans tout Asheville au sujet d'un étrange personnage tout de noir vêtu traînant dans les couloirs du Grove Park Inn, posant des questions curieuses et arborant un ensemble d'engins d'allure étrange. Qui était ce mystérieux visiteur ? L'auberge hébergeait-elle désormais un man in black, en plus de la Dame Rose ? Eh bien pas vraiment, comme le révèle Hanks : « Lorsque j'ai entendu cette histoire du man in black de la bouche d'autres personnes ayant enquêté sur le fantôme du Grove Park Inn, j'ai commencé à penser, *ça semble très familier*, et exactement comme ce que je faisais. Et c'est là que j'ai compris que ces histoires parlaient de *moi* ! » Hanks souligne qu'il n'avait jamais eu l'intention de créer un mythe MIB au Grove Park Inn, mais il admet volontiers : « J'imagine que quand vous portez un costume noir et trimballez des gadgets, et que vous posez des questions sur le paranormal, des sous-entendus vont affleurer. Alors je pense que c'est une partie du mystère MIB, mais pas une partie conséquente. »

Une dernière histoire nous provient de Jenny Randles, une chercheuse de longue date qui écrit sur les phénomènes d'ovnis et réside dans les îles britanniques. En janvier 1997, alors qu'assez ironiquement, elle venait de finir son propre livre sur les men in black, Randles se rendit à sa banque dans la ville de Buxton, où elle vivait à l'époque. En ressortant, elle fut surprise de voir une vieille Jaguar de couleur sombre arborant une plaque d'immatriculation de 1962. Un homme élégamment vêtu d'un costume sombre se tenait à côté de la voiture et avait le regard fixé sur l'auteur ufologue ébahie. Que Randles eût personnellement enquêté sur un certain nombre d'affaires de MIB britanniques dans lesquelles des hommes mystérieux conduisaient des Jaguar noires ne fit qu'accroître la tension.

Randles était-elle sur le point d'être réduite au silence par un man in black britannique ? Pas du tout. Elle décida d'aborder l'individu et apprit qu'il n'était qu'un passionné de voitures de collection.

Quelquefois, comme l'a montré ce chapitre, un man in black n'est rien de plus d'un individu innocent qui se trouve porter des vêtements sombres.

CHAPITRE 18

AGENTS GOUVERNEMENTAUX

Dans de rares cas, nous pouvons concrètement prouver que la main secrète de la bureaucratie était à l'œuvre. Je parle, bien sûr, de ces cas où les men in black sortaient non pas de l'espace lointain, ni des profondeurs de l'esprit humain, d'un au-delà insondable ou du résultat d'une erreur d'identification, mais des entrailles du gouvernement lui-même. Certes, ces cas cent pour cent vérifiables ne courent pas les rues, mais ils existent assurément – bien que la plupart d'entre eux semblent dater d'il y a des décennies, plus que de l'ère actuelle.

En 1968, le chercheur ufologue britannique John Harney écrivit un article sur les men in black qui répertoriait un cas d'ovni présentant un nombre certain d'aspects MIB. Harney déclara qu'en février 1960, un homme du nom de Joe Perry, habitant de Grand Blanc, dans le Michigan, prit une photographie d'un ovni supposé et reçut bientôt la visite de mystérieux hommes en costume sombre qui prétendaient être des agents du FBI et confisquèrent comme il se doit sa preuve surnaturelle. Les mots d'Harney suggèrent fortement que si les visiteurs *prétendaient* être des agents du FBI, alors ils avaient clairement des origines bien différentes, non ? Faux. La Loi pour la liberté d'expression nous a permis de creuser plus en profondeur dans l'affaire Perry et de démontrer ce faisant que ses men in black étaient bien des agents du FBI !

Les fichiers du FBI maintenant rendus publics racontent une histoire intrigante : Perry, qui, à l'époque de son expérience avec l'ovni, gérait une pizzeria à Grand Blanc dans le Michigan, avait été, rapporte le FBI, « un photographe professionnel pendant 30 ans », et prenait souvent des clichés de la lune avec son télescope personnel. Vers une heure du matin le 21 février 1960, Perry déclara à deux agents du FBI en visite, après que son histoire eut été publiée dans le *Flint Journal* local, que la nuit en question il avait pris un certain nombre de photographies de la lune, les avait développées consciencieusement dans sa propre chambre noire et, en les examinant plus tard, avait été stupéfait de voir que l'une d'elles montrait ce qui semblait être tout bonnement « un objet volant quelque part entre l'extrémité de son télescope et la surface de la lune » (Bureau fédéral d'investigation, 1960).

Un Perry très excité fit agrandir la photo, ce qui rendit l'objet non identifié beaucoup plus net. Tandis qu'il examinait de plus près la nouvelle version de la photo, il vit ce qui semblait être un véhicule aux contours et à la structure bien définis, de forme ovale, avec un fond plat, comme entouré d'une lueur fluorescente, et il semblait même y avoir une « traînée vaporeuse courant derrière ». Les agents du FBI notèrent dans leur rapport que Perry « a pris des milliers de photos de la lune et qu'il n'a jamais rien vu ressemblant à cet objet » (Bureau fédéral d'investigation, 1960).

Persuadé d'avoir capturé sur pellicule quelque chose de réellement anormal, Perry confia dûment aux agents du FBI l'inestimable photographie originale, qu'ils envoyèrent au Bureau des enquêtes spéciales de la base de l'Air Force de Selfbridge. La photo ne fut plus jamais revue – du moins, pas en dehors des cercles officiels. Remarquablement, lorsque cet aspect particulièrement conspirateur de l'histoire parvint aux médias, le *Flint Journal* choisit de citer les mots d'un porte-parole du Comité national d'investigation sur les phénomènes aériens (NICAP), qui avait informé Perry, avec une inquiétude fort justifiée, comme il apparaîtrait plus tard, que « compte tenu des expériences passées avec les preuves photographiques, il y a peu de chance que vous revoyiez jamais votre cliché » (Wilhelm, 1960).

Un Perry furieux réagit en contactant le FBI, qui se contenta de mentionner que l'image était désormais entre « les mains appropriées », ce à quoi Perry répondit : « La seule manière pour que j'accepte qu'elle ne me soit pas rendue est que le gouvernement me dise qu'elle est classée top-secret » (Wilhelm, 1960). Au cours des semaines et des mois qui suivirent, un imposant dossier fut constitué par le FBI au sujet de la photo de Perry, dont la majeure partie concernait ses efforts pour récupérer sa propriété personnelle des mains de la bureaucratie.

Selon la documentation officielle au sujet de l'affaire, le problème fut résolu, à la satisfaction du FBI et du Bureau des enquêtes spéciales de l'Air Force du moins, quand il fut indiqué à Perry que « ce qui semble être un objet volant sur ce cliché est en réalité une partie du négatif qui n'a pas été développée correctement. » Naturellement, cette déclaration satisfit fort peu ceux qui maintenaient que la photographie montrait réellement la forme de quelque véhicule structuré originaire d'un autre monde – en particulier Joseph Perry, qui regardait l'ensemble de la situation d'un œil confus et suspicieux.

Reconnaissant peut-être que la controverse ne ferait que perdurer si les mesures nécessaires n'étaient pas prises pour juguler la situation, le FBI insista auprès de tous les curieux sur le fait que la question était entre les mains de l'Air Force et uniquement de l'Air Force et fit logiquement suivre toutes les lettres à l'armée de l'air. Avec le temps, la controverse entourant la photographie disparue de Joseph Perry se dissipa – mais pas avant, comme le révèle un document du FBI précédemment classé, que son directeur J. Edgar Hoover écrivît sombrement au sujet de l'implication du *Flint Journal* dans la divulgation de l'histoire de Perry : « il était nécessaire que le Bureau mette de l'ordre dans le dossier avec ce journal » (Bureau fédéral d'investigation, 1960).

Cette histoire présente toutes les facettes constitutives des innombrables incidents avec les MIB : il y avait la photo originale d'un ovni de Perry qui lança la controverse ; puis il y eut le fait que cette même photographie disparut dans le néant après avoir été confiée à deux individus présentant des cartes du gouvernement qui, étant donné qu'ils étaient des agents du FBI, étaient probablement vêtus de costumes noirs et de chapeaux de style Homburg ou Borsalino ; et il y eut l'allusion voilée concernant la possibilité que les médias locaux aient été intimidés pour qu'ils gardent le silence sur cette affaire. Si nous n'avions pas aujourd'hui un accès libre aux dossiers du FBI sur l'expérience de Joseph Perry avec un ovni en 1960, cette affaire pourrait de manière très justifiée être placée dans un contexte MIB. Que nous ayons des dossiers, toutefois, est la preuve qu'au moins *certains* men in black venaient bien du monde bureaucratique.

L'expert ufologue renommé Brad Steiger a dit : « Il y avait *réellement* des gens – de l'armée, du FBI, comme vous voulez – qui ont débarqué dans les premiers temps des soucoupes volantes pour surveiller les choses, parce que j'avais un ami journaliste qui pensait que tout ceci – les ovnis – était n'importe quoi. »

L'ami de Steiger apprit rapidement que les ovnis n'étaient certainement pas n'importe quoi. Un soir, alors qu'il était dans son bureau, Steiger entendit quelque chose qui ressemblait fortement à quelqu'un escaladant les escaliers extérieurs. Il avait vu juste : en ouvrant la porte, Steiger vit que c'était son ami. « C'était un dur, se souvient Steiger, mais cette nuit-là il était au bord des larmes. Il avait repéré ce qu'il pensait être un ovni – dans sa tête, "ces trucs barges dont Brad parlait tout le temps" – et il avait pris quelques photos. Et plus tôt ce soir-là, dans sa chambre d'hôtel, se présentèrent trois hommes, dont il jurait qu'il s'agissait d'officiers de l'Air Force. Et ils lui dirent qu'il devait leur remettre la pellicule et tout ce qu'il avait. Bien sûr, en tant que journaliste qui gagne sa vie grâce à son appareil photo, il refusa. Finalement, ils devinrent agressifs et dirent : "C'est pour votre bien et celui de votre pays, le bien du monde et celui de l'univers." C'était tout droit sorti des men in black. Alors la question qu'il me posa était de l'ordre de : "Tout ce truc est-il réel ?" Et il a bien remis la pellicule. »

Et, comme l'admet Steiger, « certains militaires pouvaient ne pas être très coulants dans leurs manières et s'avérer un peu brusques ».

Pour trouver un autre cas prouvant que certains men in black *sont* des agents du gouvernement, nous devons avancer de deux années après l'affaire Joseph Perry. Nous devons aussi faire une rapide traversée de l'Atlantique.

Entre 1991 et 1994, Nick Pope, un employé désormais retraité du ministère de la Défense britannique qui était attaché à un département appelé Secrétariat de l'état-major aérien, passait environ vingt pour cent de sa semaine de travail à enquêter officiellement sur les observations et les rencontres d'ovnis, uniquement entre les murs de son bureau. En d'autres termes, Pope ne mena jamais d'enquête in situ sur les activités d'ovnis, pas plus qu'il ne visita le domicile de témoins ou qu'il ne mena personnellement d'interrogatoires en tête à tête. Bien qu'il crût fermement que les ovnis avaient une origine extraterrestre, il rejette l'idée que certains men in black pourraient opérer clandestinement depuis certaines branches du gouvernement et de l'armée britannique et parcourir le pays pour réduire des témoins au silence.

Pope me confia avec assurance ses opinions sur le sujet :

> Des histoires de men in black ? À ce que je comprends, dans certaines conférences sur les ovnis, les rangées de devant sont occupées par des personnages à la Walter Mitty qui s'habillent en noir, portent des lunettes de soleil et prennent des notes sur tout. S'il y a une chose que quelqu'un qui chercherait à être discret ne ferait pas, c'est ça. Je pense que dans le cas de toute allégation au sujet d'individus se présentant à la porte de quelqu'un et souhaitant des informations sur les observations d'ovnis, ce que vous avez est soit des gens qui mentent et qui disent que c'est arrivé alors

que ce n'est pas le cas, soit, et c'est plus probable, des gens qui ont réellement reçu la visite de quelqu'un mais où ce quelqu'un est un genre de Walter Mitty qui aime à penser qu'il est une sorte de James Bond ou d'agent secret. Si un inconnu se pointe en disant « Vous devez garder le silence là-dessus », c'est exactement l'opposé de ce que nous faisons au ministère de la Défense. Donc ça n'a rien à voir avec nous.

Aussi sérieux que soient les mots de Nick Pope, ils sont très loin du compte, comme l'a aujourd'hui clairement démontré la Loi sur la liberté d'information britannique. Pope n'avait jamais quitté les murs du ministère pour enquêter sur un seul cas d'ovni mais d'autres, rattachés à des branches différentes de la bureaucratie avec leurs propres programmes secrets, l'ont assurément fait. La nuit du 30 août 1962, la vie d'une adolescente du nom d'Anne Henson se retrouva sens dessus dessous lorsqu'un ovni ainsi qu'un man in black firent irruption dans sa vie jusque-là normale.

À l'époque, Henson avait seize ans, allait encore à l'école et vivait dans une ferme laitière du comté de Somerset avec ses parents. Un jour, elle se réveilla – ou, peut-être, fut réveillée – aux petites heures du matin. Elle s'assit dans son lit et vit par la fenêtre ce qui ressemblait à une boule de lumière dans le ciel. Elle paraissait changer de couleur, passant du vert au rouge puis au jaune, et semblait contenir en son centre « un cercle d'où sortaient des rayons lumineux »...

Au début, j'ai cru que c'était une étoile, mais ce n'était pas statique. Ensuite j'ai pensé que ce devait être un hélicoptère ou un truc du genre, mais il n'en sortait absolument aucun son. Bon, elle s'est ensuite mise à se déplacer d'avant en arrière et de gauche à droite. J'étais très intriguée parce que ses mouvements étaient plutôt rapides. Mais ce furent les couleurs des lumières qui m'attirèrent en premier lieu ; c'étaient de jolies couleurs vives. Ça avançait vers moi assez vite et paraissait grossir, puis ça s'inversait et ça partait sur le côté à une vitesse moyenne. Mais ça revenait toujours à sa position originale au-dessus des collines.

Au bout d'une heure environ, la lumière diminua progressivement jusqu'à ce qu'elle ne soit pas plus grosse qu'une tête

> d'épingle. Eh bien, je me suis rendormie, mais la nuit suivante je me suis demandé si elle serait de nouveau là – et elle l'était. C'est arrivé plusieurs fois et je me suis un peu habituée à la voir quand la nuit était claire. Pour être honnête, je me suis un peu liée d'amitié avec elle, vraiment. Je ne me sentais pas menacée parce que même si elle s'approchait de notre ferme, elle ne venait pas *si* près. Bon, quand je l'ai eu vue un certain nombre de fois, je décidai de prendre du papier millimétré et un compas pour essayer de déterminer d'où elle provenait parce que ça m'intriguait. Je pensais : c'est un peu spécial.

Ne sachant de manière compréhensible pas trop ce qu'était le mystérieux objet, Henson décida d'écrire une lettre à la base de la Royal Air Force non loin pour voir s'ils seraient en mesure de jeter une lumière sensée sur ses rencontres nocturnes troublantes : « Après que j'eus vu la lumière plusieurs fois et retracé ses mouvements, j'ai contacté [la base de la Royal Air Force de] Chivenor. Je leur ai dit ce que j'avais vu et alors j'ai reçu une lettre me disant que ce que j'avais vu était examiné. Puis ce type s'est pointé à la maison. »

Exactement, un homme en noir était sur le point de faire une apparition : « Il arriva pour la première fois un soir et s'est arrêté dans sa vieille voiture noire, et lorsqu'il est entré dans la maison, il portait un costume noir et une cravate. J'imagine qu'il devait avoir la bonne trentaine et j'étais déçue qu'il ne porte pas d'uniforme. Il se présenta comme un agent de la Royal Air Force et, bien sûr, je le pris comme tel. Pour moi, il représentait une autorité, disons ça comme ça. Il me rendit en fait visite plusieurs fois. Je *supposais* qu'il était de la RAF de Chivenor ; il ne l'a en fait pas mentionné. J'étais très impressionnée que quelqu'un vienne réellement me voir. »

« Au total, dit Henson du visiteur au costume sombre, il est venu trois soirs. La première nuit, il est monté dans ma chambre et nous sommes restés là à attendre que les nuages s'éclaircissent. Malheureusement, cette nuit-là et lors de sa visite suivante, nous n'avons rien pu voir. Alors il a dit qu'il lui faudrait revenir. Finalement, la troisième nuit, il la vit. » Mais le man in black de Henson n'allait pas lui révéler ses propres pensées quant à la nature du phénomène aérien. « Il était très méfiant. Il n'était pas très amical mais il n'était pas non plus méchant. Cette nuit-là, il prit quelques photos de la lumière. Il ne sembla pas très surpris par ce qu'il vit. Il était vraiment tout en sobriété, ce qui était, j'imagine, la manière de la jouer si c'était quelque chose d'inhabituel. S'il avait été excité, j'aurais été excitée. Il est ensuite parti et il a emporté son appareil photo, mes dessins au compas et mes notes – et je ne les ai jamais récupérés. Mais avant de s'en aller, il a dit que personne d'autre ne croirait à ce que j'avais vu et qu'il était inutile d'en parler à l'école. À cet âge-là, vous ne voulez pas qu'on se moque de vous – et ma famille s'était déjà moquée de moi, de toute façon. »

Le récit de Henson, bien qu'il présente tous les éléments d'une visite classique des MIB, se distingue par un aspect frappant : les dossiers officiels sur son expérience ont aujourd'hui été rendus publics par le gouvernement britannique et ils ont identifié son mystérieux visiteur comme étant le sergent J. W. Scott, alors employé dans les services d'élite Provost and Security de la RAF – l'équivalent britannique du Bureau des enquêtes spéciales de l'US Air Force (AFOSI) et dont les travaux tournent autour de l'espionnage, du contre-espionnage et de programmes à base de désinformation et d'intox en rapport avec la sécurité nationale et la défense du royaume. Voici donc encore un exemple d'une histoire qui aurait très bien pu s'éterniser sur le territoire surnaturel des men in black, s'il n'y avait eu le fait que les dossiers sur l'expérience de Henson furent, des décennies plus tard, discrètement rendus publics par le ministère de la Défense britannique.

Le chercheur ufologue et auteur William L. Moore a découvert des éléments qui suggèrent un peu plus que *certains* MIB ne sont rien de plus que des agents de la bureaucratie. Son étude a indiqué que de tels individus sont en réalité des employés du gouvernement sous couverture, originaires d'une unité des renseignements de l'US Air Force communément nommée Centre des activités spéciales de l'armée de l'air (AFSAC). Les recherches de Moore suggèrent que l'histoire de l'AFSAC peut être retracée jusqu'au 1127e Groupe des activités de terrain – une unité excentrique dont le job consistait à faire parler les gens. On recrutait au sein de ce groupe, développe Moore, exactement le genre de personnes qui pourraient faire de parfaits men in black : perceurs de coffres-forts, monte-en-l'air, imitateurs, divers maîtres de la tromperie, et les marginaux habituels de tous types.

Le chercheur Chris O'Brien aborde le sujet sous un angle intéressant : « Je pense que les éléments les plus prosaïques – ce sont les gars des renseignements, de l'armée – savent pour les éléments les plus étranges : les *vrais* men in black. Et ils en jouent : ils portent les perruques et le maquillage et suivent le schéma des histoires les plus bizarres pour couvrir leurs traces. Il se passe donc probablement au moins deux choses : il y a l'étrangeté absolue des men in black et il y a les gens de la communauté des renseignements qui utilisent cette même image à leur propre avantage. »

Allen Greenfield partage cette conclusion : « J'ai cultivé l'idée que quelle que soit l'agence gouvernementale qui essaye d'effrayer les témoins et les organisations d'ufologie, elle pourrait avoir imité ce phénomène paranormal, quoi qu'il puisse être ; et c'est comme ça que je le considère : un phénomène paranormal. Mon sentiment général est que certains de ces cas qui sont attribués aux men in black sont probablement des affaires d'enquêtes gouvernementales et peut-être même des efforts du gouvernement pour semer le doute sur la nature des men in black. »

Il convient aussi de noter les mots de Greg Bishop sur cette facette de la controverse MIB : « Les gars des renseignements pourraient vraiment avoir porté le maquillage et les perruques que mentionnent les témoins, juste pour les effrayer, et pour confisquer plus facilement toute preuve qu'ils pourraient avoir ; ça couvre leurs traces. Ça me semble plus vraisemblable que des êtres bizarres courant alentour avec des perruques et du maquillage. Mais il faut admettre que ça n'explique pas *tous* les cas. Alors peut-être que ce n'est pas juste un mythe créé par la communauté des renseignements. Peut-être que les gens des renseignements n'ont fait qu'*exploiter* des histoires réelles, et peut-être qu'il y *a* de vrais MIB là-dehors, d'*autres* MIB, de *vrais* MIB – les bizarres, je veux dire. »

Et, en parlant de ces men in black plus bizarres, il est grand temps pour nous de leur rendre de nouveau visite…

CHAPITRE 19

VOYAGEURS TEMPORELS

Une des théories les plus controversées au sujet de la vraie nature des men in black est certainement, plutôt que celles des entités de l'espace, des agents gouvernementaux, des Fripons et autres Tulpas, qu'ils soient en réalité des voyageurs temporels en provenance de notre lointain futur !

Notre présent accueille-t-il *réellement* des surfeurs temporels clandestins venus d'un futur qui est aussi loin de nous qu'il est incompréhensible ? Ou un tel scénario est-il simplement trop fantastique et absurde pour être mis en mots ? Peut-être pas : John Keel est tombé sur de nombreux cas qui tournaient autour de l'étrange obsession des visiteurs inconnus pour le temps. En effet, il avança que leur mode de conversation ultrarapide souvent mentionné « pourrait être causé par leur incapacité à s'ajuster à notre cycle temporel lorsqu'ils entrent dans notre continuum espace-temps. Ils parlent à un rythme plus soutenu parce que leur temps est différent du nôtre » (Keel, 1975).

Et bien sûr il y a le fait curieux que dans d'innombrables rapports, les men in black sont aperçus au volant de voitures anciennes qui

Joshua P. Warren, dans son QG du paranormal.

paraissent incompréhensiblement toutes neuves. Et qu'en est-il de ces chapeaux Homburg et Borsalino dont les MIB semblent tellement amoureux ? Ils faisaient certainement fureur dans les années 1940 et 1950, mais c'est nettement moins le cas aujourd'hui. En fait, presque tout ce qui entoure les MIB semble étrangement désuet. S'il y a une quelconque vérité dans le scénario du voyage temporel, alors peut-être que ces anomalies sont dues au fait que les men in black se trompent parfois en essayant de jauger les modes et les moyens de transport des nombreuses ères dans lesquels ils voyagent en permanence.

Au-delà des men in black, certains chercheurs et témoins d'activités d'ovnis sont convaincus que les pilotes des insaisissables vaisseaux en forme de soucoupe pourraient eux-mêmes ne pas être des extraterrestres, mais plutôt des voyageurs temporels de notre lointain futur. Le Dr Bruce Goldberg, un diplômé de biologie et de chimie ayant écrit plus de vingt livres, dont *Past Lives, Future Lives*, adhère à cette théorie particulière. Il dit que les entités pilotant les ovnis « ... viennent de notre Terre, dans 1 000 à 3 000 ans [...] Ces voyageurs temporels ont maîtrisé l'art d'entrer dans la cinquième dimension et de revenir dans le temps jusqu'à notre siècle [...] Le but [...] est de faciliter notre croissance spirituelle. Ils sont nous dans le futur » (Goldberg, 2010).

Jim Penniston, anciennement à l'U.S. Air Force, croit également que les ovnis sont pilotés par des humains du futur. Il fut un des militaires clés lors de la célèbre rencontre d'ovni dans la forêt de Rendlesham, dans le Suffolk, en Angleterre – une région envoûtante densément boisée adjacente au complexe militaire désormais conjoint des armées de l'air britannique et américaine à Bentwaters-Woodbridge – les 26 et 28 décembre 1980. En résumé, ce que beaucoup d'ufologues pensaient qu'il était arrivé dans les profondeurs sombres des bois sur une durée de plusieurs nuits était l'atterrissage d'un vaisseau – ou peut-être de plusieurs vaisseaux – d'un autre monde, duquel de petites entités humanoïdes seraient supposées avoir émergé et engagé une communication en tête à tête avec des officiers de l'armée américaine. On dit que le vaisseau avait été repéré par les radars, qu'il avait déposé d'importantes traces de radiations dans les profondeurs de la forêt, échappé à la capture et réussi à fuir – créant ce faisant une controverse qui fait encore rage aujourd'hui.

Penniston subit une hypnose régressive en 1994 pour tenter de faire remonter des informations profondément enfouies liées à ce qui s'était passé lors d'une des rencontres les plus rapprochées de Grande-Bretagne. Alors qu'il était sous hypnose, Penniston déclara que nos extraterrestres supposés étaient en réalité des visiteurs d'un lointain futur. Ce futur, ajouta Penniston, est très sombre et dans une très mauvaise passe : pollué, mortellement froid et en proie à des problèmes de reproduction. Leur réponse à leurs problèmes est de voyager dans le lointain passé – ou notre présent, en d'autres termes – pour sécuriser du sperme, des ovules et des chromosomes, tout ceci faisant partie d'un effort pour assurer la perpétuation de la race humaine déclinante.

Les sceptiques demandent : *Où sont les preuves pour confirmer un tel scénario ?* Et, dans le cas des révélations de Jim Penniston, ils pourraient suggérer que les données obtenues auprès de quelqu'un placé dans un état mental radicalement modifié ne sauraient être entièrement fiables, même si la personnalité de l'individu relatant l'histoire est irréprochable. En d'autres termes, l'hypnose serait tout aussi susceptible de faire remonter des fantasmes des profondeurs troubles du subconscient et de l'imagination que de produire de vraies données.

Mais qu'est-ce que tout ceci a à voir avec les men in black ? Une théorie fascinante dépeignant les MIB comme des voyageurs temporels venus d'un futur à des millénaires de notre présent a été avancée. C'est la théorie de Joshua P. Warren, un des plus importants chercheurs et auteurs sur tout ce qui touche au surnaturel et au mystérieux. La théorie de Warren commence par une question importante : « Pourquoi portent-ils du noir ? » Tout en méditant intensément sur ce point, Warren avance une hypothèse qui « réunit le très complexe et le très trivial » et qui fournit une explication potentielle sur ce que sont vraiment les men in black.

« J'ai longtemps réfléchi à ce que j'appelle la boucle paratemporelle. À première vue, ça pourrait ne pas paraître si original que ça, puisqu'elle traite des complexités qui dérivent des possibles voyages temporels. L'hypothèse se base sur un élément testable en particulier. Et c'est que, si jamais dans tout l'infini du futur, une espèce avancée découvrait comment remonter dans le temps, le ferait-elle ? » Warren note que si le voyage temporel est réellement impossible à réaliser, alors l'hypothèse s'écroule et devient une simple source de fantasmes. Mais, souligne-t-il, s'il est en effet possible de remonter dans le passé, puis de retourner dans le futur, alors non seulement quelqu'un *essayera* un jour, mais il gardera également très certainement une telle découverte enturbannée de mystère. « Il s'agit tout simplement du secret le plus puissant que quiconque pourrait avoir : la faculté de changer le cours du temps », dit-il.

Voici comment Warren voit se jouer ce scénario sidérant :

> Disons, hypothétiquement, que dans un million d'années – bien après la disparition de l'humanité, peut-être – il y a une créature humanoïde qui domine cette planète et qui a évolué

> depuis les océans. Appelons-le Homme-poisson. Et l'Homme-poisson est un grand scientifique qui a découvert le moyen de revenir dans le passé. Et c'est donc ce qu'il fait. Et disons qu'il revient en l'an 1920. Bien sûr, il doit faire de son mieux pour masquer son apparence, ou tout le monde saura ce qu'il est. Et, alors qu'il se trouve en 1920, il pourrait se demander comment il pourrait améliorer, ou dégrader, son existence à venir. Et donc il voudrait s'assurer qu'il ne se fait *pas* de mal dans le futur. Au contraire, il pourrait même essayer d'améliorer sa vie à venir en changeant quelque chose dans le passé qui lui sera bénéfique au bout du compte ; ou même quelque chose qui nuira à ses ennemis.

Une telle action ne serait toutefois pas sans danger, comme l'admet volontiers Warren :

> Bon, bien sûr, l'Homme-poisson ne saura jamais avec certitude si ça va bien tourner. S'il se plante, peut-être qu'il va commencer à disparaître comme le gamin dans *Retour vers le futur*. Mais s'il fait du bon boulot, alors il retourne dans le futur et découvre que sa vie est meilleure. Cependant, en revenant dans le passé, il a créé une boucle paratemporelle. C'est une ligne temporelle distincte dans laquelle il continue d'exister. Ainsi, en prolongeant cette expérience théorique, disons qu'il retourne dans le futur et que les choses sont meilleures et plus belles pour lui. Et il ne veut pas mettre ça en péril en parlant de ce qu'il a fait. Mais il se réveille un jour et tout est redevenu comme c'était avant qu'il l'améliore en revenant dans le passé. Et il est incapable de comprendre ce qui est arrivé.

À l'insu de l'Homme-poisson, à peu près un million d'années après son existence, l'Homme-ours est devenu le nouveau scientifique à avoir découvert comment voyager dans le temps, bien après que le Peuple-poisson a disparu. L'Homme-ours est un humanoïde qui a évolué depuis les forêts. Il retourne en 1915 et réalise un certain nombre de changements dont il va profiter mais qui vont affecter, et même complètement annuler, la ligne temporelle minutieusement modifiée et entretenue par l'Homme-poisson. Et, à ce niveau complexe, tout se détraque inévitablement, comme le précise Warren :

> L'Homme-poisson doit alors retourner en 1910 pour corriger les ajustements de l'Homme-ours, et ainsi de suite. Donc, maintenant, nous avons ce qui ressemble au scénario d'un mauvais film de science-fiction, où nous trouvons tous ces personnages de différents futurs qui reviennent dans le passé et essayent de tourner les choses à leur avantage. Et si vous envisagez ceci à une échelle plus large, et considérez que le futur est en quelque sorte infini, alors il pourrait y avoir des milliers et des milliers d'êtres de ce genre qui reviennent dans le passé, tordant les lignes temporelles d'une manière ou d'une autre. Et ce qui met encore plus de désordre est qu'ils n'ont pas forcément conscience les uns des autres. Ils sont tout aussi perdus quant à ce qui se passe.

Comme preuve percutante d'un tel mélange chaotique des lignes temporelles, Warren mentionne l'étrange histoire de ce qui est devenu connu comme la photographie de l'Oiseau-tonnerre. Selon la légende, dans les années 1960, une photographie, supposée dater de la fin du xixe siècle, apparut dans les pages d'un magazine de kiosque de l'époque – potentiellement *True*, *Saga*, ou *Argosy* – montrant les restes d'un monstrueux oiseau mort accrochés à une double porte de ranch quelque part dans la campagne nord-américaine (le lieu précis est, tout comme l'image elle-même, une source de débats). De nombreux chercheurs, enquêteurs et auteurs travaillant sur toutes sortes d'anomalies prétendirent avoir vu personnellement l'inestimable photo à sa publication. Le gros problème aujourd'hui est néanmoins que, en dépit du fait que les pages de ces trois magazines (et de bien d'autres, par ailleurs) ont été minutieusement et consciencieusement fouillées – jusqu'à l'obsession – l'image ne peut être trouvée nulle part. Ou, si la théorie de Joshua P. Warren est exacte, peut-être a-t-elle existé, mais seulement un bref moment.

Comment pouvons-nous expliquer une situation aussi étrange ? Une photographie particulière ne peut pas simplement disparaître de *toutes* les publications où elle est apparue – le peut-elle ? Peut-être. Si nous suivons la pensée de Warren, c'est possible. « J'ai l'impression, dit-il, qu'il pourrait y avoir une ligne temporelle changeante par laquelle nous passons quotidiennement. Un jour, les ovnis peuvent être réels et le lendemain non. Un jour, Bigfoot court dans votre jardin et le suivant il n'existe pas. Un jour, la photo de l'Oiseau-tonnerre est dans un magazine et, lorsque la ligne temporelle est rejouée, elle n'y est plus. Et il se pourrait que, jour après jour, heure après heure, ou même minute après minute, de petits changements dans la ligne temporelle soient apportés par ces entités, ou êtres, revenant et manipulant constamment le passé et le futur. Ainsi, les choses du passé dont nous nous souvenons, comme la photo de l'Oiseau-tonnerre, n'existent soudain plus dans le présent. »

Et c'est vis-à-vis de cet aspect précis du voyage temporel, avance Warren, que les men in black pourraient jouer un rôle crucial : « Si nous acceptons que quelque chose de similaire à ce que je viens de décrire puisse arriver, alors quelque part le long de la ligne nous pourrions imaginer qu'il y ait des policiers – des flics temporels, pour ainsi dire – qui apparaissent ici et là et qui essayent vraiment d'obtenir la maîtrise de toutes ces boucles paratemporelles et de contrôler l'intégralité du phénomène. »

Et ceci, suggère Warren, nous ramène à la présence et au rôle des men in black : « Pour en revenir à mon idée originale : Pourquoi les MIB s'habillent-ils ainsi ? Pourquoi les appelons-nous les hommes en noir ? Eh bien, si un homme met un costume noir avec un chapeau noir et arpente la rue en 1910 et que vous voyez cet homme, vous le remarquerez probablement. Mais penseriez-vous qu'il y ait quoi que ce soit d'extraordinaire ou d'aberrant chez lui ? Non, probablement pas. Et si vous voyiez un homme en costume noir avec un chapeau noir qui arpente la rue en 2010, le remarqueriez-vous ? Oui, probablement. Mais penseriez-vous qu'il y ait quoi que ce soit d'extraordinaire ? Non. »

Ce que tout ceci démontre, dit Warren, est que l'ensemble costume noir et chapeau noir est suffisamment flexible pour fonctionner dans le contexte social d'une culture sur au moins un siècle ou plus. Et donc, pour cette raison, si vous êtes dans le business du voyage temporel, et qu'au cours de votre journée de travail vous allez devoir vous rendre en 1910 pour gérer une affaire et que quelques heures plus tard vous partez en 1985, avant d'aller ensuite en 2003, vous n'avez pas envie de devoir changer de vêtements trois fois. Alors que faites-vous ? Selon l'hypothèse de Warren, vous mettez un ensemble qui vous permettra d'accéder à la plus longue période possible au sein de laquelle la même tenue n'attirera pas excessivement une attention malvenue. « Et c'est pourquoi, suggère Warren, au cours et autour du XXe siècle, il se trouve ainsi que le costume noir et le chapeau noir fonctionneront pour eux. »

Mais que se passe-t-il si vos projets de voyages temporels vous destinent à aller bien plus loin dans le passé ? Clairement, porter un costume du XXe siècle ne va pas faire l'affaire. Warren concède ce point et dit : « Si vous deviez retourner au XVIe ou au XVIIe siècle, il y aurait une garde-robe différente qui fonctionnerait sur la plus longue période possible. Je ne sais pas ce que serait cette garde-robe, mais je suis persuadé que si je prenais le temps avec un historien qui s'y connaît bien en matière de modes vestimentaires de ces périodes passées et qui comprend également le concept dont je parle, il parviendrait probablement à déterminer un ensemble que les men in black auraient pu porter à divers points de l'histoire pour leur donner la plus grande amplitude de travail à une époque donnée. »

Peut-être que ces men in black plus anciens, ces voyageurs temporels qui choisirent de s'enfoncer encore plus loin dans notre passé, pourraient avoir été les bourgeois prospères et mystérieux auxquels Steiger fait référence dans un chapitre précédent.

Warren incorpore également un des éléments marginaux les plus connus de l'énigme MIB à ses idées révolutionnaires : celui de l'Homme papillon. Serait-il réellement possible que la sombre bête aux yeux brillants qui hanta brièvement la zone de production de TNT abandonnée de Point Pleasant dans le milieu des années 1960 fût un équivalent concret des hypothétiques Homme-ours et Homme-poisson de Warren ? Et, si tel est le cas, les men in black de Point Pleasant furent-ils envoyés depuis un lointain futur pour faire cesser les activités de ce cauchemar ailé ? Warren pense que c'est *exactement* ce qui s'est passé :

> Quant à l'idée de l'Homme papillon, elle fait ressortir un autre lien valable avec ce que je décris. Si vous avez une situation

> dans laquelle les lignes temporelles sont constamment modifiées de manière non contrôlée par certains de ces voyageurs temporels venus du lointain futur qui lâchent tous ces trucs bizarres qui ne sont pas censés être là - et peut-être qu'un véritable Homme papillon, comme les hypothétiques Homme-ours et Homme-poisson, est en réalité un de ces voyageurs paratemporels - alors à l'évidence, ces men in black vont débarquer pour essayer de reprendre le contrôle de la ligne temporelle. Et c'est pourquoi, lorsque vous prenez quelque chose comme ce qui est arrivé à Point Pleasant dans les années 1960, avec une grande variété - tout un spectre - d'activités paranormales et de créatures étranges, c'est là que les men in black apparaissent soudain.

Ainsi, il se pourrait que les men in black suivent tous ces trucs ; c'est leur job. Non pas qu'ils fassent arriver ces choses, mais ils en sont alertés lorsqu'il y a un grave problème de ligne temporelle qui doit être corrigé. Ils ne sont pas nécessairement les méchants ; ils pourraient contrôler les dommages, et peut-être que ça implique d'avertir et de réduire au silence des témoins pour protéger le secret des voyages temporels. Ils peuvent être bizarres, ils peuvent paraître bizarres, mais leur mission globale pourrait être simplement de maintenir l'ordre et de protéger les lignes temporelles.

Ne serait-il pas ironique que les théories de Joshua P. Warren soient effectivement exactes et qu'au lieu de représenter notre pire cauchemar – comme ce que beaucoup de ceux qui ont rencontré des MIB pensent certainement qu'ils sont – les men in black soient en réalité des héros ? Les gardiens dévoués et persévérants du passé, du présent et du futur combinés, à jamais destinés à protéger leurs étranges secrets de ceux qui croisent leur chemin tandis qu'ils voyagent de siècle en siècle, toujours en mission pour neutraliser un nombre infini de manipulateurs temporels indiscrets et imprudents.

CHAPITRE 20

DÉMONS ET OCCULTE

Ray Boeche est un prêtre anglican qui fut recteur de l'Église anglicane de la Célébration de Lincoln, dans le Nebraska, pendant presque une décennie. Il est aussi fondateur et ancien directeur du centre de recherche fortienne, ancien directeur pour l'état du Nebraska du Réseau mutuel pour les ovnis, un groupe d'envergure mondiale, diplômé de la faculté d'état de Peru et d'un master en théologie de la St. Mark's School of Divinity. Avec un pied à la fois dans le christianisme et la controverse des ovnis, et ayant intensément étudié les nombreuses complexités du mystère MIB, Boeche suggère aujourd'hui : « Fondamentalement, je pense qu'une illusion démoniaque est le fondement d'où jaillit le phénomène des men in black ». Cette croyance s'accorde intimement à la conclusion de Claudia Cunningham, dont les détails de la rencontre avec un man in black ont été présentés plus tôt dans ce livre.

L'idée que la présence d'ovnis dans notre monde puisse avoir des origines démoniaques n'est pas nouvelle. La théorie a été consciencieusement examinée dans un certain nombre de livres, dont *UFO End-Time Delusion*, écrit par David Allen Lewis et Robert

Ray Boeche, un prêtre anglican qui a étudié en profondeur le phénomène des MIB.

Shreckhise, mon propre *Final Events* et *UFOs: What on Earth Is Happening ?* par John Weldon et Zola Levitt. Peut-être plus que tout autre, toutefois – et principalement comme résultat de son passé combiné au sein de l'Église chrétienne et du Réseau mutuel pour les ovnis – Boeche devrait être vu comme parfaitement placé pour commenter cette théorie. Que Boeche – comme nous allons le voir – connût également personnellement Albert Bender et Gray Barker rend ses conclusions au sujet de l'énigme MIB encore plus importantes. « J'étais effectivement en contact avec Albert Bender du début au milieu des années 1970, dit-il, des années après son expérience avec les men in black. C'était en Californie, alors qu'il était engagé dans la préservation de l'œuvre du compositeur de musiques de films Max Steiner, et il ne voulait simplement pas en parler : l'expérience, les men in black, rien de tout ça. Ça l'avait visiblement affecté. »

Boeche eut beaucoup plus de succès avec Barker : « J'étais gamin quand je me suis retrouvé pour la première fois en contact avec Barker, et je suis resté en contact jusqu'à quelques mois avant son décès. Il était toujours d'une grande aide au téléphone et dans sa correspondance ; c'était un type très accommodant. En me fiant à mes contacts et à mes conversations avec Barker, je pense qu'il est bien arrivé quelque chose à Bender. Quelle part exacte du compte rendu écrit en notre possession tient de la fabulation et de l'exagération, je n'en sais rien. Mais quelque chose est arrivé à Bender et ça pourrait très bien avoir impliqué des agents du FBI. Et je tends à croire que l'expérience de Bender a été précipitée par la visite de quelqu'un du gouvernement. »

Boeche exprime son opinion quant à cette partie cruciale de l'affaire Bender :

> Bender pourrait effectivement avoir reçu la visite d'agents du FBI. Et toute cette image de costumes noirs et de menaces qui jouait probablement sur son mental pourrait bien avoir dicté comment ces forces, les MIB de Bender, lui sont apparues alors que son implication dans l'occulte allait de l'avant et comment il a vécu cette expérience dans sa chambre. Il faisait preuve d'une fascination de longue date pour l'occulte et je pense que la visite du FBI pourrait avoir eu un impact concret sur la manière qu'il a eue de vivre ces autres choses, et comment « ils » auraient pu lui apparaître dans un contexte qui servirait leurs objectifs : avec les costumes et les chapeaux noirs. Il est clairement possible que le phénomène tirait cette imagerie - les agents du FBI, les costumes noirs, leur visite et leurs avertissements - du subconscient de Bender et la mettait en scène sous une forme connue des adeptes des soucoupes pour l'attirer un peu plus dans l'occulte.

Boeche continue : « Nous pouvons tirer beaucoup de choses des premières recherches en psychédélisme, où le type d'expérience vécue par la personne était principalement dicté par son état d'esprit et son environnement. Et je pense que ça colle avec l'histoire de Bender, en un sens. Je pense qu'il y a l'idée que nous nous ouvrons aux expériences extérieures – je parle en termes spirituels, ici – ou que nous cherchons un contact ou une expérience avec un extraterrestre et que nous supposons ensuite qu'il s'agit bien de ça – d'un extraterrestre – si et quand ça arrive. » Toutefois, « ce pourrait ne pas être ce que ça prétend être. Je pense que ces forces peuvent jouer avec nos propres prédispositions mentales et avec ce que nous nous attendons à voir. »

Boeche mentionne ce qu'il voit comme des dangers qui pourraient se manifester quand on fait le plongeon proverbial dans les plus sombres des eaux et qu'on provoque de telles entités au cœur noir, comme Bender l'a très certainement fait :

> J'ai toujours pensé qu'une des choses les plus importantes que John Keel ait jamais dites est que si vous avez des gamins ou des ados, ce n'est pas un domaine dans lequel il convient de les encourager à se plonger. Keel était un genre d'athéiste invétéré. Mais il comprenait que, à un certain niveau, il y a quelque chose qui nous dépasse, et qui peut, à défaut d'autre chose, nous « toucher ». Et ça peut faire beaucoup de dégâts […] Parfois, j'ai l'impression de chanter une litanie là-dessus, d'un point de vue chrétien. Je ne me considère pas théologiquement libéral ou fondamentaliste. Mes croyances sont solidement orthodoxes et enracinées dans ma vision de la bible comme le Mot de Dieu infaillible. Mais il y a des choses que nous ne sommes simplement pas armés pour traiter d'un point de vue mécaniste, naturaliste. Il existe des forces malveillantes ici-bas qui seront ravies de tirer avantage d'absolument toutes les ouvertures que nous leur laissons. Et, donc, nous devons être très prudents. Je tends à penser que c'est ce qui est arrivé à Albert Bender ; il pourrait ne pas avoir été si prudent.

Selon Boeche, Bender, déjà terrifié par la visite intimidante de *vrais* agents du FBI, fut ensuite encore plus tourmenté par des entités paranormales qui envahirent son subconscient, extirpèrent froidement l'imagerie du man in black de style FBI des profondeurs de son esprit et adoptèrent des apparences presque identiques pour atteindre leur objectif qui était d'attaquer, de duper et de manipuler le pauvre homme.

Laissant de côté l'expérience de Bender, Boeche note que Reginald Scot – dans *The Discovery of Witchcraft*, publié en 1584 – décrit le diable comme étant d'apparence répugnante, hideux et noir de peau. De même, Charles Wall, dans son livre de 1902 *Devils*, cite un manuscrit grec du xie siècle dans lequel le diable apparaît comme un personnage humain, et noir. Traditionnellement, le diable doit aussi posséder quelque défaut perceptible lorsqu'il apparaît sous une forme humaine, comme les men in black, qui marchent gauchement ou arborent un quelconque défaut physique apparent.

De plus, Boeche identifie des liens entre les men in black et les énigmatiques Frères des ombres de la tradition mystique orientale, que Michael Talbot décrit comme « fourbes et mauvais ; s'employant à empêcher l'étudiant de l'occulte de trouver la réponse proverbiale. Les Frères des ombres, comme les MIB, sont connus pour effrayer les étudiants à chaque fois qu'ils s'approchent trop » (Lecture de Boeche, 1994).

Également dans une perspective historique, Boeche démontre que les men in black, au début du xxe siècle, rôdaient apparemment dans les collines et les vallées sombres et désolées du Pays de Galles, *au moment même* où toute une variété de phénomènes aériens non identifiés faisaient aussi des apparitions inquiétantes. En particulier, Boeche attira mon attention sur un article de 1905 paru dans les pages du *Barmouth Advertiser* et qui disait : « Dans les environs demeure une jeune femme d'origine paysanne exceptionnellement intelligente, dont la chambre à coucher a été visitée trois nuits de suite par un homme habillé en noir. Ce personnage a livré un message à la fille qui est trop effrayée pour le répéter » (*Barmouth Advertiser*, 1905). Que cette rencontre précise ait lieu au moment où les braves gens du Pays de Galles observaient aussi l'apparition de mystérieuses lumières non identifiées donne beaucoup à réfléchir. De surcroît, fait remarquer Boeche, « il est intéressant de noter que cet événement survint au cœur du Grand Réveil chrétien gallois de 1904-1905 » (Boeche, 1994).

De loin un des cas les plus importants (et certainement les plus dérangeants) dont Boeche croit qu'il appuie directement l'idée que les men in black ont une origine démoniaque débuta à la fin des années 1960. C'est un récit cauchemardesque de malveillance, d'hostilité et d'incessante négativité – ces thèmes centraux dans lesquels les men in black semblent prospérer. L'homme en question – que Boeche décrit comme « un chercheur dont le nom serait reconnu par quiconque est impliqué dans l'ufologie » – commença à recevoir une série d'appels téléphoniques alarmants confinant au harcèlement, après qu'il eut été profondément immergé dans l'enquête sur un certain nombre de rencontres avec des ovnis qui comprenaient des apparitions à faible altitude et un cas impliquant les occupants d'un objet aérien.

« De nombreuses fois, il n'y avait personne à l'autre bout du fil, explique Boeche. Souvent, un étrange sifflement métallique, mélangé à ce qu'on pourrait décrire comme un «bruit électronique», était présent. Parfois, une voix brumeuse s'exprimant dans une langue inintelligible se faisait entendre. D'autres fois, des menaces contre lui ou sa famille étaient proférées par une voix qui sonnait «vaguement humaine». Changer de numéro de téléphone ne semblait pas être d'une quelconque utilité. La compagnie ne trouva aucun mouchard sur la ligne et ne fut jamais capable de localiser le responsable des appels. »

Puis vint la fouille du courrier, très semblable à celle décrite plus tôt par Greg Bishop et Chris O'Brien : les lettres étaient distribuées ouvertes et déchirées et d'importantes preuves disparaissaient en cours de route. Plus déroutant que tout, Boeche révèle que l'homme « recevait de nombreuses menaces par courrier et beaucoup de documents qui consistaient en d'étranges symboles hiéroglyphiques inexplicables. » Les choses prirent ensuite une autre dimension lorsque le phénomène commença à s'attaquer à la maison de l'individu. Boeche dit : « En trois occasions distinctes, le bureau situé chez lui fut mis à sac, des documents de recherche importants sur des affaires en cours disparurent. Ceci était rendu encore plus mystérieux par le fait que sa maison était protégée par un système de sécurité électronique sophistiqué directement relié au poste de police. L'alarme ne fut jamais déclenchée. »

Bien sûr, tout ceci pourrait assez logiquement être l'œuvre d'agents du gouvernement, d'espions, de monte-en-l'air ou d'agents des renseignements. Mais ce qui arriva ensuite est très difficile – si ce n'est impossible – à faire coïncider avec une théorie aussi terre à terre : il y eut une explosion soudaine et terrifiante d'activité spirituelle dans la maison. Des objets domestiques volaient à travers les pièces, les portes s'ouvraient violemment et claquaient de leur propre chef, d'ignobles odeurs sulfurées s'abattirent sur la famille, des formes énigmatiques et des ombres indéfinissables glissaient dans les coins et, en quelques occasions, se précipitaient à travers des pièces bien éclairées en direction de quelque infortuné qui se mettait à crier à pleins poumons, s'arc-boutant en prévision d'une attaque physique violente qui ne venait jamais – pas avant un moment, en tout cas. Étant donné que les manifestations spirituelles ont été associées aux actions de prédateurs démoniaques manipulateurs, ceci suggère que quelle que fût la chose à l'œuvre, elle n'avait rien à voir avec les actions d'employés gouvernementaux.

À six reprises, révèle Boeche, la femme du chercheur, en présence d'au moins deux autres personnes (six, dans un des cas), fut attaquée par une entité invisible. La femme fut claquée, griffée, mordue, cognée et lancée à travers la pièce par quelque chose qui était invisible et possédait néanmoins assez de substance pour imprimer des marques sur son visage, des griffures sur ses bras et laisser des traces de dents animales sur sa poitrine, son dos et ses jambes. Quatre de ces attaques furent immédiatement suivies par des appels téléphoniques intimant le chercheur et lui enjoignant de, selon les mots de l'interlocuteur, *laisser les soucoupes volantes tranquilles*.

Puis, inévitablement, pourraient dire certains, un visiteur en noir inopportun du genre que nous commençons à bien connaître se glissa hors des ténèbres. Trois fois, le chercheur fut abordé par un man in black prototypique décrit comme mesurant près de deux mètres et d'apparence cadavérique, qui proféra de terribles menaces à l'encontre du chercheur. Il reçut une de ces visites chez lui, une au travail et une dans un restaurant alors qu'il attendait que sa femme revienne des toilettes. L'homme, qui décrivit son état à l'époque de ces événements comme celui d'une terreur abjecte, pensait sincèrement qu'il perdait la tête, et avait même peur que sa femme se fasse tuer. En conséquence de quoi il mit ses recherches sur les ovnis fermement de côté pendant une très longue période.

De ses recherches approfondies, couplées à son éducation chrétienne, Boeche tira la conclusion suivante : « Il apparaît que tous les aspects du phénomène des ovnis se sont manifestés tout au long de l'histoire humaine, quand bien même sous des formes différentes et variées. Il en va de même, si vous voulez, du "côté sombre" de l'ufologie : les activités menaçantes des MIB. Les phénomènes d'ovnis ont assurément une résonance culturelle » (Boeche, 1994). Si nous partons des récits anciens d'interactions humaines avec des divinités, des dragons et des démons, note Boeche, nous allons trouver des parallèles presque parfaits entre ces manifestations répertoriées historiquement et ce qui se passe aujourd'hui. Il n'y a pas de différence substantielle entre les phénomènes, seulement dans les références culturelles que nous utilisons pour les définir. En d'autres termes, l'extraterrestre d'un homme est le chien noir fantomatique d'un autre ; le loup-garou d'un homme est le djinn d'un autre ; et le… bien, vous saisissez l'idée.

Boeche cite les mots du regretté Ivan Sanderson, auteur et chercheur, dont l'influence sur les études paranormales résonne encore presque 40 ans après son décès prématuré. Sanderson demande : les men in black sont-ils des extraterrestres, des descendants d'extraterrestres ou même les agents des extraterrestres ? Ou, se demande-t-il, devons-nous admettre l'existence d'une toute nouvelle catégorie d'êtres intelligents qui interagissent avec nous ? Boeche répond que « nous devons reconnaître une catégorie différente d'êtres. Nous devons nous faire à l'idée que nous sommes pris dans une toile de faux-semblants, et que cette toile se referme sur nous. Nous sommes épiés, sondés et manipulés par des forces extérieures à notre univers physique connu. Nous ne sommes pas seuls et nous pourrions ne pas être trop ravis quand nous découvrirons quel genre de compagnie nous avons » (Boeche, 1994).

Colin Bennett, qui a rencontré un man in black à Londres au début des années 1980 (comme décrit dans le chapitre 10), partage les soupçons de Boeche quant aux origines occultes des men in black. Il se sert de notre vieil ami Albert Bender comme exemple : « ... avant [son] mariage, [Bender] était un jeune marginal assez typique de son époque : sa chambre était décorée avec les symboles de toutes sortes de bizarreries occultes et ressemblait à un genre de temple métaphysique. Il ne prêta pas attention aux avertissements de tous les occultistes classiques – Paracelse, Levi et Crowley – disant que l'occultisme mystique ne devait pas être pris à la légère. L'histoire donne de nombreux exemples de formes qui peuvent être invoquées et racontent toutes sortes de fables à des humains crédules, toujours anxieux de découvrir les secrets de la vie, de l'univers et de tout. »

S'étendant sur cette théorie, Bennett déclare : « Les célèbres avertissements des MIB et des "extraterrestres" sont l'équivalent direct des avertissements chrétiens contre un plongeon trop profond dans les mystères religieux qui pourrait se solder par une rencontre avec le diable ou un de ses subalternes. Les penseurs chrétiens mirent aussi en garde contre les dangers d'une interprétation occulte indépendante et un peu cavalière de l'Incarnation, de la Transfiguration et du personnage du Saint-Esprit. Ces avertissements ne concernaient pas tant les dangers de découvrir un savoir secret que le risque d'annihilation bien avant que les portes d'un tel savoir ne soient atteintes. »

En d'autres termes, Bennett pense que lorsque quelqu'un se lance dans l'étude des entités paranormales, ou va jusqu'à essayer de les invoquer, elles apparaissent souvent. Mais, comme il le note également, la nature de ces myriades d'êtres comme celle des histoires qu'ils relatent doit être examinée et analysée à travers des filtres prudents et rigoureux. Faire autrement est prendre le risque que de telles créatures plantent leurs griffes paranormales en nous dans des proportions potentiellement désastreuses – ce qui semble être précisément ce qui est arrivé à Bender, malheureusement pour lui.

Timothy Green Beckley a une histoire de men in black troublante à raconter qui pourrait aussi concorder avec les idées de Ray Boeche. Il s'agit d'une affaire qui semble impliquer une possession paranormale à part entière : « Il y eut un cas où j'aurais pu être menacé par un man in black, révèle Beckley. Il y avait une publication pour laquelle j'écrivais dans les années 1970 appelée *Official UFO*. Ils publiaient leur adresse dans leur magazine, donc ils recevaient la visite de quelques farceurs à leur bureau. Un d'entre eux était un gentleman qui prétendait être suivi par les men in black. »

Avec le temps, Beckley rencontra l'homme en question et, à la fin des années 1970 et au début des années 1980, il devint la cible malvenue d'une série d'appels très menaçants de sa part. Beckley décida d'appeler la police et on remonta rapidement jusqu'à l'individu : il apparut que c'était un sans-domicile qui s'abritait à la gare Grand Central. Beckley ajoute que l'homme « doit avoir appelé une cinquantaine de fois et laissé des messages délirants et menaçants qui continuaient encore et encore. J'ai parlé à ses parents, qui étaient en Floride, et qui dirent que bien qu'il ne fût pas toujours comme ça, quelque chose s'emparait de lui de temps à autre. »

Beckley suggère :

> Dans les cas comme celui de ce type qui tombait sous l'influence de quelque chose, et avec les MIB, c'est comme

une possession, où une force paranormale s'empare d'une personne qui *devient* alors l'homme en noir, faisant ce que la force veut qu'il fasse, mais à son insu. Après coup, il peut même ne rien se rappeler. Ces gens vivent en marge de la société ; ce sont des gens crédules qui peuvent facilement être contrôlés et influencés. Quelqu'un, disons, qui vivrait dans un appartement délabré, est embarqué dans une sorte de transe, et alors il devient un man in black. Il menace quelqu'un d'autre puis retourne à sa vie normale une fois la possession terminée et il ne s'en souvient pas. Mais lorsqu'il est sous le contrôle de la chose, quelle qu'elle soit, il n'est pas très bien – comme un zombie est la meilleure manière de le décrire pour moi.

L'usage de la planche Ouija par des gens qui ont vu un man in black colle de manière très pertinente à l'idée de Boeche que les MIB sont plus occultes qu'extraterrestres. En 1954, George Hunt Williamson, un homme qui revendiqua des contacts répétés avec des extraterrestres dans les années 1950, publia un livre intitulé *The Saucer Speak*, qui tournait autour de ses tentatives très médiatisées pour contacter des extraterrestres via une radio à ondes courtes et les planches Ouija. (Actar de Mercure, Adu d'Hatonn d'Andromède, Agfa Affa d'Uranus, Ankar-22 de Jupiter et Artok de Pluton ne sont que quelques-uns des nombreux extraterrestres supposés avec lesquels Williamson prétendait avoir interagi, mais que d'autres pourraient voir comme des démons trompeurs). Puis, vers la fin des années 1950, Williamson changea de nom, se composant un passé académique et familial fictif pour accompagner sa nouvelle identité, et disparut. Il mourut en 1986, largement oublié de la communauté de la recherche en ufologie qui l'avait brièvement accueilli en son sein dans les années 1950.

Albert Bender, sans qui il n'y aurait simplement pas de phénomène MIB comme nous en sommes venus à le connaître, était aussi un amateur de planche Ouija. De même, Mary Robertson, dont l'homme en noir fut photographié en 1968 par Timothy Green Beckley et Jim Moseley, était une grande adepte de ces planches. Et l'amie de Claudia Cunningham, Linda, qui avait rencontré un man in black dans le cimetière rural d'Albany en mai 2009, était aussi « dans les planches Ouija ». Pourrait-il s'agir d'un simple hasard ou d'une simple coïncidence que plusieurs personnes attirées par les planches Ouija fussent subséquemment la cible d'une visite des MIB ?

CONCLUSION

Et maintenant, cher lecteur, notre périple tortueux dans le royaume énigmatique aux multiples facettes des men in black touche à sa fin. Quel voyage épique et troublant ça a été ! Nous savons que ce qui, pour beaucoup, a longtemps été perçu comme un phénomène n'ayant ses racines *que* dans le domaine du canular, de la confusion d'identité, de l'espionnage gouvernemental, des agents secrets et des visiteurs du Pentagone, du FBI ou du département de la Sécurité intérieure, n'est en réalité rien de la sorte.

Certes, dans *certains* cas, nous avons bien affaire à des personnages qui hantent des positions de pouvoir et qui souhaitent nous maintenir dans le noir au sujet de ce qui est réellement connu à un niveau gouvernemental sur l'énigme des ovnis. Et oui, il y *a* eu des cas de confusion d'identité et de canulars. Mais pour la plupart, quand il s'agit des men in black, nous sommes confrontés à des phénomènes qui sont bien plus étranges et bien plus terrifiants que tout agent gouvernemental venu réduire un témoin au silence.

Comme nous l'avons vu, il pourrait très bien y avoir *plusieurs* points d'origine pour les men in black. Certains d'entre eux, tels que ceux rencontrés par Albert Bender, pourraient être nés de rien d'autres que de ratés récurrents de l'esprit de la victime, couplés à l'imagination fertile et hyperactive obsédée par les extraterrestres d'un individu qui passait beaucoup trop de temps terré seul dans un grenier sordide infesté de toiles d'araignées. Mais à partir de la force brute de cette imagerie MIB sont nés les horrifiques Tulpas de trois hommes sinistres qui découvrirent rapidement qu'ils appréciaient énormément leur nouvelle liberté et existence, et qui se sont depuis engagés dans un règne de terreur comme un moyen d'entretenir leur vie précaire dans notre monde.

Compte tenu des liens étroits que les men in black semblent entretenir avec la possession psychique des individus, les planches Ouija et les activités spirituelles, il semble raisonnable de conclure que leur lien avec l'occulte est également un domaine de recherche valide qui pourrait révéler les secrets d'un autre aspect du phénomène MIB, ou peut-être d'un aspect qui lui est *lié* et qu'il nous faut encore comprendre complètement. De même, si les théories inédites de Joshua P. Warren sont correctes – que certains men in black pourraient venir d'un point éloigné dans notre propre futur – des révélations aussi stupéfiantes entraînent, et même exigent, des révisions majeures dans nos croyances et nos connaissances scientifiques. Que le passé, le présent et le futur puissent ne pas être figés dans la pierre, qu'ils puissent être dans un état de flux constant et vertigineux, et que les MIB puissent être intimement engagés dans la protection et la manipulation secrètes d'innombrables lignes temporelles sur une base quasi-infinie, est presque aussi bizarre que les visiteurs en costume noir eux-mêmes !

Avant de vous laisser, rappelez-vous mon conseil prudent de l'introduction : si vous décidez vraiment de poursuivre les MIB et que vous entendez un jour les lents coups redoutés à votre porte d'entrée, pour votre bien et pour celui de tous ceux qui vous sont chers, laissez-la fermement verrouillée et ne l'ouvrez pas. Si vous manquez de suivre ce conseil, à tout le moins prêtez une attention minutieuse et respectueuse aux mots de mise en garde suivants de Brad Steiger, car ce sont les mots de quelqu'un qui sait de quoi il parle :

« Les men in black sont réels, et si vous vous engagez vraiment dans cette voie, alors vous pouvez encourir un grand danger. Nous faisons face à quelque chose qu'aucun d'entre nous ne peut comprendre complètement. »

Imprimé en France en avril 2012
par l'imprimerie Corlet à Condé-sur-Noireau
ISBN 978-2-36581-004-3
Dépôt légal : avril 2012
Première édition : avril 2012